P

Robert Mächler

ROBERT WALSER
der Unenträtselte

Aufsätze aus vier Jahrzehnten
Herausgegeben von Werner Morlang

Pendo Zürich München

Inhalt

Einleitung 7

Editorische Vorbemerkung 41

I. ROBERT WALSER FÜR DIE KATZ? –
GESAMTDARSTELLUNGEN 45
Robert Walser für die Katz? 47
Ist alles faul? 58
Robert Walser, »der gröbste Berner,
den's jemals gab« 65
Die versiegende Kunstgläubigkeit 75
Dichterprophet des eigenen Todes 80

II. ROBERT WALSER UND DAS CHRISTENTUM –
AUFSÄTZE ZUR RELIGION 87
Robert Walser und das Christentum 89
Robert Walsers Religion 105

III. ROBERT WALSER AM SCHEIDEWEG –
SITUIERENDE UND VERGLEICHENDE
UNTERSUCHUNGEN 113
»Ach, laß doch das« – Robert Walser
am Scheideweg 115
Ein Friedensfreund 120

»Das Leben ist ein Speisesaal, worin ich
allein tafle, schmause«   127
Zwei ungleiche Brüder im Geiste   135
Robert Walser zwischen Jesus und Nietzsche   143
Zwei ungleiche Friedensfreunde   151

IV. »REICH BIN ICH DURCH ICH WEISS NICHT WAS« – ROBERT WALSER ALS LYRIKER 157

»Reich bin ich durch ich weiß nicht was«   159
Zu einem schwachen Gedicht Robert Walsers   164
Robert Walsers »Lieblosigkeit«   174
Kommentare zu ausgewählten Gedichten
> Wie immer   181
> Harmonie   183
> Die Schweiz   185
> Ein Glas Bier   187
> In dem Reisekorb oder Wäschekorb   189

V. ROBERT WALSER, DER UNENTRÄTSELTE – REZENSIONEN UND ANDERES 193

Robert Walser, der Unenträtselte   195
»Ist die Welt nun besser?«   199
Robert Walsers Narzißmus   203
Auch Carl Spitteler fehlt   207
Verrat an Voltaire   211
Die Kleinheit Robert Walsers aus der Sicht
Hermann Burgers   216
Normalstil und Individualstil   220

Bibliographie der Schriften Robert Mächlers zu
    Robert Walser 231

Einleitung
Zwei ungleiche Brüder im Geiste

Spätestens seit Sigmund Freud glaubt man zu wissen, »daß Biographen in ganz eigentümlicher Weise an ihren Helden fixiert sind. Sie haben ihn häufig zum Objekt ihrer Studien gewählt, weil sie ihm aus Gründen ihres persönlichen Gefühlslebens von vornherein eine besondere Affektion entgegenbrachten.« (Kind, 202) Bei Robert Mächler und seinem biographischen Gegenstand scheint es sich zunächst anders zu verhalten. Schließlich hat Mächler das Objekt seiner Studien nicht »gewählt«, sondern es wurde an ihn herangetragen. Schon gar nicht kann a priori von einem affektiven Verhältnis die Rede sein. Zwar bestanden Ansätze eines solchen, aber zum Zeitpunkt, da Mächler den Auftrag einer Walser-Biographie annahm, war er mit dem Leben und Werk des Dichters nur unzureichend vertraut. Auch hatte er sich von Anbeginn für eine »dokumentarische« und gegen eine »deutende« Biographie entschieden (Bio, 9), und es gehört zweifellos zu Mächlers Verdiensten, daß er dem mächtigen Identifikationsappell, der von Walsers Erscheinung ausgeht, widerstand.

Dennoch fehlt es dem Gespann der Namensvettern nicht an »eigentümlichen« Berührungspunkten. Ihre Naturelle, Denkweisen und Lebenswege offenbaren gewisse Ähnlichkeiten, wobei manchmal ein äußerlich gemeinsamer Aspekt, richtig besehen, eher trennende als verbindende Elemente aufweist. Beinahe wäre es sogar 1929 zu einer persönlichen Begegnung gekommen, und durch die Bekanntschaft mit Carl Seelig und dessen Testamentsvollstrecker Elio Fröhlich stand Mächler zumindest in mittelbarer Fühlung zu Walserschen Angelegenheiten. Tatsächlich blieb Mächler – allerdings in einem andern als von Freud gemeinten Sinn – »an seinen Helden fixiert«. Neben einigen unveröffentlichten Aufzeichnungen und Aphorismen belegen über fünfzig publizierte Artikel, daß er sich bis zu seinem Tod 1996 in vielerlei Zusammenhängen mit Walser auseinandersetzte. Indessen hat ihm diese Kontinuität nicht nur zur Freude gereicht. Zeitlebens hat er nie verwunden, daß die von ihm eher für minder erachteten Beiträge zu Walser jederzeit willkommen geheißen wurden, während er mit seiner Herzenssache, der nichts Geringerem als der Verbesserung der Menschheit gewidmeten Vernünftigungslehre, fast nur auf Ablehnung stieß.

Die mehrfach bezeugte indifferente Haltung, die Walser während seiner Internierung in der Heil- und Pflegeanstalt Herisau gegenüber dem weiteren Schicksal seiner Werke einnahm, galt wohl auch für die Möglichkeit, daß nach seinem Tod eine Biographie über ihn verfaßt werden könnte. Auf jenen Vorgeschmack, der ihm die Lektüre von Otto Zinnikers harmloser lebens- und werkgeschichtlichen Annäherung *Robert Walser der Poet* (1947) geboten hätte, verzichtete er offenbar. Jedenfalls antwortete er einem Arzt auf die Frage, ob ihn Zinnikers Buch interessiere: »Nein, was hätte das für einen Zweck, das ist für andere berechnet – ich kenne ja mein Leben, da kann mir Zinniker nichts vormachen.« (Bio, 246) Zwar ließ Carl Seelig nichts Genaueres über seine Intentionen verlauten, aber da er auf den gemeinsamen Ausflügen das Gespräch immer wieder auf biographische Details lenkte und Walser solche bereitwillig erzählte, wird sich dieser seine Sache gedacht haben. Schon ein Jahr nach Walsers Tod 1956 präsentierte Seelig seine mit Recht gepriesenen *Wanderungen mit Robert Walser* und machte kein Geheimnis aus der Absicht, demnächst eine Walser-Biographie vorzulegen. Zu diesem Zweck hatte er schon früh Materialien gesammelt, doch seine weitverzweigten Tätigkeiten ließen die Arbeit ins Stocken geraten. Als Seelig 1962 tödlich verunfallte, hinterließ er ein ausformuliertes Manuskript, das bis zum Ende von Walsers Berliner Zeit gediehen war. Und viel gravierender: Seelig hatte testamentarisch verfügt, daß der von ihm betreute Nachlaß Walsers einschließlich der von Seelig zusammengetragenen Dokumente und dem biographischen Torso nach seinem Tod zu vernichten wären. Damit entsprach Seelig angeblich einem von Walser selber geäußerten Wunsch, zu dem freilich keine schriftliche Beglaubigung vorlag. Glücklicherweise führte der Testamentsvollstrecker Elio Fröhlich diese Bestimmung nicht aus. Dafür gründete er 1966 eine auf Seeligs Namen lautende Stiftung und 1973 das dieser Institution angegliederte Robert Walser-Archiv.

Mit dem Zürcher Rechtsanwalt Elio Fröhlich verband Mächler eine nicht ungetrübte, dennoch einen dreißigjährigen Unterbruch überdauernde Freundschaft, die in ihre Badener Kindheit zurückreichte. Beide wuchsen in nachbarschaftlicher Nähe auf, und als Klassenkameraden der Primar- und Bezirksschule hatten sie den gleichen Schulweg. Viel zwingender als solche Gegebenheiten führten sie ihre ähnlichen geistigen Interessen und ihr Außenseiterlos zusammen. War Fröhlich, der Sohn eines Synagogenlehrers, gelegentlich antisemitischen Pöbeleien ausgesetzt, wurde der

Sonderling Mächler von den Mitschülern als »Blagöri« (Angeber) gehänselt. Und wenn es dabei zu Prügeleien kam, durfte der fragile Eigenbrötler auf die robuste Tüchtigkeit seines Leidgenossen Fröhlich zählen. (Pers, 1) Es fügte sich, daß die in Walsers Todesjahr erfolgte Publikation von Mächlers bekenntnishafter Erzählung *Das Jahr des Gerichts* zum Anlaß wurde, der ihre Beziehung neu festigte. Dank der Fürsprache von Carl Seelig erhielt dieses Buch einen Preis der Literaturkommission Zürich, und da Fröhlich wiederum mit Seelig befreundet war, dauerte es nicht lange, bis sich ein im nachhinein walserisch umwittertes Triumvirat bildete, das dann und wann gemeinsame Wanderungen unternahm. Walser war damals freilich kein beziehungsstiftender Faktor, ja nicht einmal ein häufiger Gesprächsgegenstand. Als 1959 im Tschudy Verlag die von Carl Seelig edierten *Unbekannten Gedichte* Walsers herauskamen, beschäftigte sich Mächler zum ersten Mal mit dem Dichter, indem er den Band für das *Badener Tagblatt* rezensierte. Übrigens wies auch Seelig in seiner journalistischen Arbeit einige Male auf Mächler hin.

Somit braucht nicht zu erstaunen, daß Fröhlich schon bald nach Seeligs Tod Robert Mächler anbot, die unvollendete Walser-Biographie ihres gemeinsamen Freundes fertigzustellen. Die Entscheidung fiel dem ungemein skrupulösen, in allen geistigen Belangen um Wahrhaftigkeit bemühten Menschen nicht leicht. Nach mancherlei Bedenken überwog zuletzt, in Mächlers eigenen Worten, folgendes: »Mein langjähriger, während eines Vierteljahrhunderts als Buchkritiker betriebener Umgang mit Dichtung, die mich wahlverwandtschaftlich anmutenden kulturkritischen Gedanken Robert Walsers, sein auch mir innewohnender Hang zur Selbstbeobachtung und Selbstdarstellung und die Vermutung, daß ich dank dem im *Jahr des Gerichts* geschilderten Krankheitserlebnis fähig sein könnte, *seine* Krankheit besonders gut zu verstehen.« (Pers, 2)

Nach gründlicher Einsicht in Seeligs Vorarbeit stand für Mächler fest, daß er sich nicht darauf beschränken würde, den biographischen Torso einfach um die fehlenden Teile zu ergänzen. Zwar blieb er der dokumentarischen Anlage der Lebensbeschreibung treu, doch die journalistisch ungezwungene Diktion seines Vorgängers mochte er nicht übernehmen. So schrieb er binnen dreier Jahre das Buch von Grund auf neu und mußte in dieser Zeit erst noch zahlreiche Einzelheiten recherchieren, die er zumeist mittels Fragebogen auf dem schriftlichen Weg einholte. Neben Seeligs Materialiensammlung durfte Mächler freilich die Hilfe des vorzüglichen Walser-Spezialisten Jochen Greven in Anspruch nehmen, der sich eben anschickte, Walsers Gesamtwerk herauszugeben. Greven wiederum machte sich später Mächlers Kompetenz zunutze, indem er ihm innerhalb seiner Edition die Betreuung des Bandes *Gedichte und Dramolette* (1971) und die Kommentierung der *Briefe* (1975) übertrug.

Als die »dokumentarische Biographie« *Das Leben Robert Walsers* 1966 im Genfer Kossodo Verlag erschien, wurde ihr einhelliges Lob gezollt. Mit Recht gilt sie bis heute als Standardwerk, das sich jener von Freud inkriminierten Heldenverehrung wohltuend enthält und schlicht die Aufgabe erfüllt, Walsers Vita in Selbstzeugnissen und Erinnerungen von Zeitgenossen vorzuführen. Dabei war sich Mächler der Problematik seines Verfahrens bewußt. Hat Walser fortwährend sein Leben für dichterische Zwecke ausgebeutet und sozusagen mit jedem Satz ein Stück seiner selbst preisgegeben, wird solcher Geständniszwang zugleich von einem ähnlichen Übermaß an Phantasietätigkeit unterminiert.

Handeln einzelne Texte vom Liebesspiel eines gewieften Erotikers, bekennt unversehens eine Ich-Figur, sie habe noch nie eine Frau geküßt. Nicht einmal bei so konkreten Angaben wie der beruflichen Tätigkeit in Thun, der Zeitdauer einer Wanderung von München nach Würzburg oder der Zimmernummer im Bieler Hotel zum Blauen Kreuz kann man Walser trauen. Nun gibt es etliche Episoden in Walsers Leben, deren nähere Umstände und Abläufe nur von Walser geschildert werden und wo der Biograph nicht umhin kann, mangels anderer Quellen das dichterische Zeugnis zu interpolieren. Mächler ist streng darauf bedacht, die Grenzen von dichterischer Freiheit und faktischer Beglaubigung nicht zu verwischen. Indessen rechnet er mit dem Urteilsvermögen des mündigen Lesers, der Walsers Aussagen mit einer Prise poetischen Salzes zu nehmen weiß.

Man mag bedauern, daß Mächler dem Potential der *oral history* nicht vollumfänglich Rechnung getragen und versäumt hat, möglichst alle damals noch lebenden Menschen, die je mit Walser in Berührung gekommen waren, aufzusuchen und erschöpfend zu befragen. Zu jener Zeit war aber Walsers singulärer Rang, der allein einen größeren Aufwand gerechtfertigt hätte, noch keineswegs etabliert. Sogar Jochen Greven mußte sich den Einwand von Rezensenten gefallen lassen, er würde dem Kleinmeister Walser durch eine Edition sämtlicher Texte einen schlechten Dienst erweisen. Zehn Jahre nach Walsers Tod dürfte das aus heutiger Sicht beschränkte Ausmaß von Mächlers biographischen Recherchen den Ansprüchen der Leserschaft durchaus genügt haben.

Nun hat sich Mächler nicht etwa als selbstloser Kärrner in der biographischen Arbeit verflüchtigt, sondern diese besitzt zweifellos ein persönliches Gepräge. Die Gründe, die ihn zur Annahme von Fröhlichs Auftrag bewogen, haben das Erkenntnisinteresse und die Gewichtung einzelner Aspekte wesentlich beeinflußt. So mißt er Walsers kulturkritischen Erwägungen, die ihn »wahlverwandtschaftlich anmuten«, begreiflicherweise eine besondere Bedeutung zu. Mit Walsers »Hang zur Selbstbeobachtung und Selbstdarstellung« mußte er sich nicht nur wegen seiner eigenen Disposition auseinandersetzen, sondern wegen der dürftigen Quellenlage, die ihn nötigte, das dichterische Werk für biographische Auskünfte beizuziehen. Endlich räumt er den »Vorbemerkungen zur Krankheitsgeschichte« ein ganzes Kapitel ein (Bio, 175–202), das einzige übrigens, das vom dokumentarischen Prinzip abweicht, indem Mächler die widersprüchlichen Facetten von Walsers Persönlichkeit zu deuten versucht. Wer ein Auge dafür hat, bemerkt an diesem Charakterbild gleiche, ähnliche oder konträre Züge des Porträtisten, so in der Beurteilung von Walsers Junggesellentum, der Ablehnung des Kulturbetriebs, der angeblichen Hoffnung auf eine ihm gewogene Nachwelt, den nihilistischen Anfechtungen, dem Narrentum inmitten einer närrischen Welt, oder wenn er – im Unterschied zur eigenen Erfahrung – anmerkt: »Weltanschauliches und Religiöses als Problemgegenstand scheint an der Erkrankung Robert Walsers nicht beteiligt gewesen zu sein.« (Bio, 200) Auch wird man sich vielleicht *en passant* wundern, wenn Mächler zur Kennzeichnung von Walsers »hohem Selbstbewußtsein« auf den Theologen Constantin Brunner rekurriert, der »die Selbstgewißheit als wesentliche Tugend des Genies und als deren höchste Verkörperung Christus und Spinoza gepriesen« habe (Bio, 190). Gerade hier unterschlägt Mächler keineswegs die Differenz des dichterischen zum denkerischen Naturell, aber insgesamt geht es ihm eher darum, Walser als weltanschauliches Unikum zu erfassen, und weniger darum, ihn als genuin dichterische Erscheinung im Kontext der zeitgenössischen Literatur zu situieren. Dennoch bleibt der Einschlag der *pro domo* am Forschungsgegenstand wahrgenommenen oder der auf ihn projizierten Wesenszüge äußerst gering. Man staunt immer wieder über die strenge Disziplin, welche die subjektiven Regungen im Zügel hält und sich einer sachlich-nüchternen Ausdrucksweise bedient, die weder Ironie noch anderweitige stilistische Brechungen gestattet. Durch solch objektivierendes Bemühen tritt Mächler in auffälligen Gegensatz zu Walser, der nicht nur seine Figuren zu einem düpierenden Rollenspiel antanzen läßt, sondern auch in sprachlicher Hinsicht über eine schwindelerregende Vielfalt von ›uneigentlichen‹ Redeformen gebietet.

In einem 1970 erschienenen typologischen Versuch (vgl. S. 220 dieses Buches) hat Robert Mächler die sprachlichen Gestaltungsmöglichkeiten, mithin den »wesentlichen Inhalt der Geistesgeschichte« zwischen die Pole des »Normalstils« und des »Individualstils« gespannt. Unter »Normalstil« sei jener zu verstehen, der sich um die schlichte, wahrheitsgemäße Mitteilung des jeweiligen Gegenstandes bemüht. Seine Ausdrucksmittel sind den nämlichen Kriterien von Zweckmäßigkeit und Vernunft verpflichtet wie das, was er kommunizieren möchte. Sein Ideal erfüllt sich in einer möglichst leichtverständlichen, wissenschaftlichen Diktion, die persönlicher Färbung entbehrt. Dem gegenüber huldigt der »Individualstil« der »einmaligen Persönlichkeit«, der er schrankenlos zum Ausdruck verhilft. In ihm gewinnt der Dichter das geeignete Mittel, um seine individuelle Welt gegen die real bestehende zu postulieren. Dessen Originalität und Eigensinn hält es nicht mit einer »gewissenhaft abwägenden Sachlichkeit«, vielmehr mit der »Fähigkeit des besonderen, kunstvollen, aber oft auch künstlichen, überspitzten Argumentierens«. Dank des »überlegenen sprachlichen Faszinosum« sei den Vertretern des »Individualstils« aber eine größere Wirkung beschieden. Hier ist nicht der Ort, auf sämtliche Differenzierungen und Verschränkungen der beiden Stile einzugehen oder überhaupt die Triftigkeit von Mächlers Typologie zu beurteilen. Wenn man diese aber *tel quel* auf die Auseinandersetzung des Biographen mit seinem Gegenstand bezieht, gewinnt man den Eindruck, die beiden Stiltypen würden exakt die Polarität des Dichters Walser und des Denkers Mächler erfassen. Dabei wäre mit Mächler einzuräumen, daß auch die verwegenste Erfindung eines Autors nicht ganz und gar der Wirklichkeit entbehrt, auf Walser gemünzt: »Seine Objektivität bestand hauptsächlich in der wahrhaftigen Darstellung seiner Subjektivität.« (Bio, 82) Und die Anmerkung, »das Ringen Flauberts um den unpersönlich ›richtigen‹ Stil sei die auszeichnende Eigentümlichkeit dieses Schriftstellers, erhebe seine Sprache wider Willen zum Individualstil«, gilt wiederum für Mächlers schnörkellose Sprache. Tatsächlich hat Mächler die von ihm so emphatisch ausgeführte stiltypologische Polarität vor allem in sich selber ausgetragen. Wie der von ihm so charakterisierte Walser war auch er »ein früher Meister der bürgerlichen Tarnung seines Innern« (Bio, 37). Seit seiner intellektuellen Mündigkeit hat er einen einsamen Weg eingeschlagen, der ihn in den Jünglingsjahren in die psychiatrische Klinik führte. Daß ihn seine Mitmenschen, deren Glück er fortwährend bedachte, bisweilen belächelten, hat er in Kauf genommen und seinerseits mit einem Lächeln quittiert. Lebenslang lag bei ihm der denkerische Impuls mit dem dichterischen im Widerstreit, und er hat nie größeren Eigensinn bewiesen als darin, letzterem zu entsagen und fortan jedem künstlerischen Wirken mit einem generellen Mißtrauen zu begegnen. Das ebenso großangelegte wie hinfällige Projekt einer Vernünftigung der Menschheit, mit dem er gegen die weltweit herrschende Unvernunft ins Feld zog, hat er seiner leidvollen Erfahrung seelischer Desintegration abgetrotzt. Sein »Normalstil«, der aus achtsamer Distanz Walsers unvergleichlichem »Individualstil« gerecht zu werden sucht, ist die Errungenschaft eines unauffälligen Lebens, das allerdings aus jeder bürgerlichen Norm schlug.

Ein launiges Fatum sorgte dafür, daß der künftige Verfasser einer »wahrhaftigen Jesusbetrachtung« und Religionskritiker Robert Balthasar Mächler am 24. Dezember 1909 in Baden geboren wurde. Sein Vater, ein weitgereister, in neun Sprachen versierter Kaufmann, der sich für pazifistisches und sozialistisches Gedankengut interessierte, betrieb mit geringem Erfolg ein Haushaltsgeschäft. Die Mutter stammte aus einer angesehenen Kaufmannsfamilie und war trotz ihrer literarischen Neigungen eine eher praktisch veranlagte Frau, deren nervös-kränkliches Naturell bisweilen häuslichen Unfrieden stiftete. Somit traf Mächler die gleiche elterliche Konstellation an wie einunddreißig Jahre zuvor Robert Walser in Biel, mit dem bezeichnenden Unterschied, daß er als einziges Kind aufwuchs. Auch Mächlers auf gesellschaftliches Prestige bedachte Mutter nahm Anstoß am geschäftlichen Mißerfolg ihres Mannes und hoffte auf einen Verbündeten in ihrem Sohn, der freilich insgeheim die Partei des versöhnlichen Vaters ergriff. Die Grundschule durchlief Robert als Klassenprimus und genoß während dreier Jahre den Unterricht einer bemerkenswerten Persönlichkeit. Hermann Suter hatte einst mit einer polemischen Ansprache einen katholischen Gottesdienst gestört und wurde daraufhin in der psychiatrischen Klinik Burghölzli interniert. Dort nahm sich der Arzt Alex von Muralt seiner an und machte ihn zum Studienobjekt seines damals vielbeachteten Buches *Wahnsinniger oder Prophet?*. Ohne Wissen um solche Zusammenhänge erlebte Robert Hermann Suter als progressiven, kameradschaftlichen Lehrer – und zwanzig Jahre später als Führer der aargauischen »Partei der Arbeit«. Unter den Mitschülern galt Mächler, wie bereits erwähnt, als Sonderling, doch half er diesem Status allmählich ab, indem er sich ein »burschikoses Wesen« zulegte und seinen »wahren, intellektuell-schwärmerischen Charakter« (Leb, 2) verbarg. 1920 starb Roberts Vater an Wassersucht, und in der Folge besuchte der Junge immer häufiger seine Großmutter, eine tüchtige, liebenswürdige Frau, die zudem eine gutbestückte Bibliothek von Klassikerausgaben besaß. Bis zu seinem dreizehnten Lebensjahr hatte er »in einer fiebrigen Weltvergessenheit« gelesen, was ihm in die Hände geriet, doch »auf dem roten Plüschsofa in Großmutters Wohnstube« (Blicke, 17) sättigte er seinen Lesehunger an den Werken Shakespeares, Goethes und Schillers. Inzwischen war er in die Bezirksschule übergetreten, wo der introvertierte Schüler wiederum von seinem Deutschlehrer Hans Siegrist mannigfache Anregung und Förderung erhielt. Seine Lektüre erstreckte sich nun auf Sprachlehren, Literaturgeschichten, populärwissenschaftliche Kompendien und zunehmend philosophische Bücher. Als er bei einem Onkel die Anthologie *Nietzsche-Worte für werdende Menschen* entdeckte und verschlang, hieß die Losung: »Nietzsche, ich folge dir nach!« (Blicke, 24) Seitdem er mit zehn Jahren Gedichte »Auf meine Mutter« (Leb, 2) verfaßt hatte, gingen neben der Lektüre eigene Schreibversuche einher, die er etwa auf Streifzügen durch die bewaldete Umgebung Badens notierte. Die einsamen Waldgänge waren ihm zur Gewohnheit geworden, beschwichtigten seine innere Unruhe, aber zugleich ängstigte ihn das vernunftlose Treiben der Natur. Ohnehin fehlte es ihm an Geborgenheit, ein Mangel, der durch Streitigkeiten zwischen Mutter und Großmutter verstärkt wurde. Zwang er sich eine Weile zum Umgang mit Kameraden, gar zum Fußballsport und Skifahren, zog er sich anschließend wieder in seine solitäre Phantasiewelt zurück. Depressionen blieben nicht aus. Auch setzten ihm die von der nierenkranken Mutter aufgenötigten Ortswechsel zu: erst für ein halbes Jahr nach Brienz und 1925 nach Ravecchio bei Bellinzona, wo er statt des vorgesehenen Lehrerseminars Wettingen eine Handelsschule besuchen mußte. Hier kam es während eines Spitalaufenthaltes seiner Mutter zum Ausbruch einer schweren Krise. Unablässige philosophische Grübeleien hatten ihn zu einer radikalen Selbst- und Weltbefragung angestiftet, der keine Autorität standhielt, schon gar nicht das bereits wankende Fundament seines protestantisch-christlichen Glaubens. Schon in Baden hatte er seinem Religionslehrer eröffnet, er wolle nicht konfirmiert werden. Insbesondere aber erschütterte ihn die jähe Erkenntnis, daß die Menschen, unbekümmert um Wahrhaftigkeit, nur nach Glück, Macht und Erfolg strebten, anders gesagt: daß »alle sittlichen Werte nur Nützlichkeitspostulate« (Leb, 5) seien. Solche Einsichten und Empfindungen quälten ihn wochenlang und wurden im selben Jahr durch ein zweites Schlüsselerlebnis verstärkt, das Mächler im Rückblick folgendermaßen beschrieb: »Als ›nervenkranker‹ Fünfzehnjähriger ging ich, von der Mutter begleitet, durch den Bahnhof von Luzern und empfand beim Anblick des Menschengewimmels mit entsetzlichem Grauen die anscheinende Sinnlosigkeit des Lebens: das anscheinende chaotische Durcheinander der Menschen, die mögliche

Nichtigkeit ihrer Zwecke, die Unwissenheit eines jeden über die innerste Andersheit des andern. Ich hatte noch kaum einen Begriff von Nihilismus, aber ein Gefühl davon, das mich zu vernichten drohte. In diesem Grauenserlebnis sehe ich heute den Ursprung der vierzig Jahre später in mir zum Bewußtsein gediehenen Idee der Einigung der Menschheit in der elementaren Vernünftigkeit.« (Blicke, 34) Wie Mächler in seinem Aufsatz *Ist alles faul?* (vgl. S. 58 dieses Buches) ausführte, wurde auch Walser gelegentlich von nihilistischen Anflügen ereilt. Während aber Walser die wie auch immer beschaffene Welt grundsätzlich bejahte, ja sogar poetisch feierte, hielt Mächlers düstere Weltsicht das Bestehende nicht nur in höchstem Grad für verbesserungsbedürftig, sondern kraft seines Vernünftigungs-Programms auch für verbesserungsfähig.

Trotz Konsultation eines Psychiaters und eines Erholungsurlaubs bei einer Tante in Winterthur verschlechterte sich sein Zustand so dramatisch, daß Mächler mehrere Wochen im Sanatorium Sonnenfels bei Spiez zubringen mußte. Hier verschwand allmählich die weltanschauliche Paranoia, und er versöhnte sich sogar – »mit Vorbehalten« (Leb, 6) – mit dem Christentum. Dafür bedrückte ihn nun die »fixe Idee«, von seinen ehemaligen Schulkameraden verspottet zu werden. Daraufhin empfahl ihm der Leiter des Sanatoriums einen Landaufenthalt, den Mächler während eines Jahres 1925/26 auf einem Bauernhof in Veytay (Kanton Waadt), bei Verwandten jenes Arztes, absolvierte. Tatsächlich brachte die regelmäßige körperliche Arbeit die verhoffte Linderung und ermöglichte ihm zudem, die Lektüre und die schriftstellerischen Versuche wiederaufzunehmen. Seine Mutter drang allerdings auf eine berufliche Ausbildung und ließ ihren Sohn in das voralpine Knabeninstitut Felsenegg auf dem Zugerberg eintreten, wo er sich vor allem mit Handelsfächern herumzuschlagen hatte. Unter den mondänen, sportlich auftrumpfenden Zöglingen fühlte er sich nicht wohl, und die Feindschaft eines Mitschülers weckte erneut Minderwertigkeitsgefühle und Depressionen.

So wechselte er denn 1927 an das Humboldtianum in Bern, wiederum eine Internatsschule, die einen kurzen Maturitätslehrgang anbot. Weder der Unterricht noch die in Aussicht gestellte ›Reife‹ scheinen Mächler sonderlich gereizt zu haben. Um so intensiver widmete er sich der philosophischen und psychologischen Lektüre in der Stadtbibliothek Bern, und der sonderbare Gedanke beschlich ihn, sich durch vorgetäuschten Wahnsinn der Schule zu entziehen, um endlich die nötige Zeit für einige großangelegte schriftstellerische Projekte zu haben. Am Abend des 3. März 1928 setzte Mächler dieses Vorhaben in die Tat um, indem er sich weigerte, ein Schulzimmer zu verlassen, und beharrlich ein Notizheft mit französisch abgefaßten Aphorismen füllte. Auf sein Verhalten befragt, antwortete er nur in französischen Orakelsprüchen, und nach einer im Schulzimmer verbrachten Nacht wurde er anderntags mit der Einwilligung seiner Mutter in das Maison de Santé von Malévoz in Monthey (Kanton Wallis) eingewiesen. Das französische Element von Mächlers Inszenierung hat eine bemerkenswerte Konstellation verhindert, denn ohne diesen Faktor wäre Mächler wahrscheinlich in die bernische Irrenanstalt Waldau überführt worden, wo er ab dem 24. Januar 1929 Robert Walser als Mitpatienten vorgefunden hätte. Die Internierungszeit von Malévoz (bis Anfang März 1929), wo er alsbald tatsächlich einer Psychose zum Opfer fiel, hat Mächler wie keine zweite Periode seines Lebens seelisch und geistig geprägt. Zwanzig Jahre später hat er darüber – trotz einiger dichterischer Freiheiten, »so erinnerungstreu wie möglich« – ein umfängliches »Zeugnis« (Ger, 5) abgelegt, das 1956 unter dem Titel *Das Jahr des Gerichts* erschien und in seiner beklemmenden, geradezu buchhalterisch anmutenden Gewissenhaftigkeit zu den eindrücklichsten Gebilden seiner Art gehört. Formal bedient sich Mächler darin einer ›doppelten Buchführung‹, indem er die äußeren Begebenheiten von einem jeweils zwischen Klammern wiedergegebenen inneren Monolog unterbrechen läßt, der die Realien fortwährend in das Wahnsystem des Kranken einbaut. Diesem war natürlich seinerzeit eine solche objektivierende Unterscheidungsgabe versagt, aber auch ohne Mächlers ausdrückliche Beteuerung würde man die Authentizität der Erzählung kaum anzweifeln. Auch hier überrascht die nüchtern-gegenständliche Form der Darstellung, ein *basso continuo* der Sachlichkeit, der von den noch so erhebenden und destruktiven Erfahrungen in keiner Weise affiziert wird.

Während der ersten Wochen seines Aufenthalts in Malévoz schickte sich Mächler tatsächlich an, seine juvenil beschwingten Pläne zu realisieren. Eine philosophisch-dichterische Tetralogie schwebte ihm vor, deren einzelne Teile die klingenden Titel tragen sollten: *Yoga und Menschlichkeit*, *Wie Zarathustra zum Schweigen kam*, *Brahmas Traum* und *Ephemeriden* (Ger, 21–24). Offensichtlich wurde da eine Nietzsche-Nachfolge angepeilt, die es mit dem Meister ohne weiteres aufzunehmen gedachte. Nicht nur die persönliche Entwicklung des Jünglings, auch die Geschichte der Menschheit sollte prophetisch an einen Punkt geführt werden, von wo aus die Welt aus den Angeln zu heben wäre. Das konnte, gelinde gesagt, nicht gut herauskommen. Mächler brach unter den Auswirkungen seiner gedanklichen Exaltationen und einer schädlichen Magerkost zusammen und wurde während eines halben Jahres von psychotischen Schüben heimgesucht. Er geriet in eine unaufhaltsame Bilderflut. Bald wähnte er sich mit dem Teufel verbündet, bald hielt er sich selber für den Leibhaftigen. Auch seine Umgebung riß er in den Strudel solcher Metamorphosen aus dem religiösen, mythologischen und historischen Bereich hinein. Was immer in sein Gesichtsfeld trat, diente lediglich dazu, seine Wahnvorstellungen anzureichern. Längere Zeit glaubte er sich ausersehen, die Menschheit mit seinem Opfertod zu erlösen, und unternahm in diesem Sinn einige Selbstmordversuche. Auch peinigten ihn Schulgefühle wegen der Art, wie er sich in die Klinik hineingemogelt hatte, obwohl die Ärzte das Geständnis seiner Simulation gelassen quittierten. Allmählich gewann aber doch das Realitätsprinzip die Oberhand, die Gesichte nahmen ab, und Mächler schickte sich als fügsamer Patient in den Anstaltsbetrieb. Im März 1929 wurde er zur weiteren Erholung in das ihm vertraute Sanatorium Sonnenfels überwiesen.

Als Mächler um 1950 *Das Jahr des Gerichts* schrieb, wollte er es als »Glaubenszeugnis« (Ger, 5) aufgefaßt wissen. Konrad Mucker – so der ironisch pointierte Name von Mächlers Ich-Figur – wird für seine egomanische Überheblichkeit von Gott gezüchtigt und findet, nach Erduldung eines reinigenden Purgatoriums, zu einer christlich fundierten sittlichen Weltordnung zurück. Nun könnte man annehmen, Mächler, der künftige Anhänger einer globalen Vernünftigung, würde die ungeheuerliche Ausgeburt seines Wahns als imaginative Fehlleistung erachten, die tunlichst von einer realitätsgeeichten Ratio eines Besseren hätte belehrt werden müssen. Weit gefehlt! Wie der Autor in seinem Vorwort betont (und dabei einer fortschrittlichen therapeutischen Praxis das Wort redet), gilt ihm seine Paranoia, welche jede Manifestation der Außenwelt als bedeutungsvolles Zeichen einer höheren Wirklichkeit deutete, als »der allerheilsamste, allergesundeste Gedanke« (Ger,6). Zwar rückte Mächler später vehement vom Glaubensfazit seiner Erlebnisse ab, doch an der Überzeugung, daß sein Wahnsinn »*Wahr*sinn« (Ger,6) enthalten habe, hielt er zeitlebens fest. Der »sinnfreundliche Agnostiker« konnte die frühere Zwangsidee, die »leidvolle Gotteswelt« in eine »leidlose Götterwelt« (Blicke,231) verwandeln zu müssen, durchaus mit den Geboten der Vernunft in Einklang bringen.

Der im Frühjahr 1929 als ›geheilt‹ Entlassene kam noch lange nicht zur Ruhe. Zwar blieben seither die seelischen Turbulenzen aus, aber nach dem Scheitern seiner verwegenen Pläne stand Mächler erst einmal vor dem Nichts. Schon in Malévoz hatte er sich gelobt, künftig der Schriftstellerei zu entsagen und sein Heil in körperlichen Tätigkeiten zu suchen. Das Sanatorium Sonnenfels beschäftigte ihn denn auch vor allem im Garten, doch nach zwei Monaten floh er zu seiner Großmutter nach Baden, wo ihn ein Onkel, der Inhaber eines Kolonialwarengeschäftes, als Gehilfe anstellte. Bereits sechs Wochen später suchte er in Bellinzona bei seiner Mutter Zuflucht, die ihrem Sohn *faute de mieux* einen weiteren Landdienst in Veytay nahelegte. Während dieses Aufenthalts hegte Mächler eine Zeitlang die Absicht, Gärtner oder Bauer zu werden, aber die vage berufliche Aussicht minderte erheblich sein Selbstvertrauen. Zudem erkrankte seine Mutter schwer und erlag im November 1930 ihrem Nierenleiden. Nach einem etwa anderthalbjährigen landwirtschaftlichen Volontariat begab sich Mächler zu seiner Tante nach Winterthur, schnupperte eine Woche lang in einer Gärtnerei und verkroch sich dann erneut, mutlos und depressiv gestimmt, ins Sanatorium Sonnenfels, wo er endlich den Entschluß faßte, die Matura nachzuholen. Zu diesem Zweck trat er ein zweites Mal als Internatsschüler in das Berner Humboldtianum ein, nunmehr allerdings als strebsamer Zögling. Sogar die ihm früher widerstrebenden naturwissenschaftlichen Fächer studierte er mit Fleiß, zumal ihm im Lehrer Walter Küenzi eine Persönlichkeit begegnete, die ihm viele Jahrzehnte später noch als »Präfiguration« eines »höheren Menschen der Zukunft« erschien, »der bei bedeutender Geistesqualität darauf verzichten würde, die Menschheit durch Werke mit hochgespanntem Ruhmesanspruch zu belasten« (Blicke, 12/13). Für die einst unverzichtbare Beschäftigung mit philosophischen Fragen fehlten sowohl die Zeit wie die Lust. Seinen eigenbrötlerischen Habitus behielt er bei, aber dazu ließ er verlauten: »Trage äußerlich ein joviales Wesen zur Schau, etwas dekadent angehaucht, lache gern, auch über mich selber.« (Leb, 14) Jedenfalls bestand er im Herbst 1933 die Maturitätsprüfung mit Auszeichnung. Er schwankte lange zwischen einem Theologiestudium und dem Lehramt, um sich endlich für das letztere zu entscheiden. Diese Ausbildung brach nach wenigen Wochen jäh ab, da ihm bei seinem ersten Auftritt vor einer Schulklasse die Stimme versagte und ein Dozent, dem er seine psychischen Probleme anvertraut hatte, vom Lehrerberuf abriet. Auch ein Studium der Germanistik, Geschichte und Philosophie wurde vorzeitig abgebrochen, und so gelangte er denn 1935 dank der Fürsprache des Feuilletonredaktors Hugo Marti an den Berner *Bund*, wo er bis 1941 als Lokalberichterstatter, Rezensent und Hilfsredaktor tätig war.

Nach der turbulenten, von Unruhe und Rastlosigkeit gezeichneten Jünglingszeit folgte nun das andere Extrem: fünf Jahrzehnte eines ganz und gar unspektakulären Lebens, das nur ein paar dürftige Daten zu liefern scheint. In Bern trat er als Zeitungsschreiber und ›möblierter Herr‹ gewissermaßen in die noch frischen Fußstapfen Walsers. Wie dieser scheint er einige Male seine Domizile gewechselt zu haben, vor allem dann, wenn es die Hunde in der Nachbarschaft für die empfindlichen Ohren des Nachtarbeiters allzu bunt trieben. Im solitären, ärmlichen Lebensstil hat er jedenfalls den Dichter überboten, denn Mächler hielt zeitlebens streng auf Askese. Natürlich fristete auch Walser ein genügsames Dasein, doch kompensierte er seine materielle Anspruchslosigkeit, indem er seine schöpferische Subjektivität üppig ins Kraut schießen ließ, während sich Mächler beim *Bund* als »Mädchen für alles« (Kult, 94) verdingte und geflissentlich ausführte, was seine Auftraggeber von ihm erwarteten. Laut eigener Aussage hat er sich damals jenen »Normalstil« zugelegt, der von subjektiven Regungen und eigenem Gestaltungswillen mit Bedacht absah. Geselligkeit war wohl beider Sache nicht. Doch das emsige »Prosastückligeschäft«, das Walser Tag für Tag in seinen Klausen betrieb, wurde von einem abwechslungsreichen, menschliche Begegnungen durchaus einschließenden Müßiggang begleitet, den er mit gutem Grund als unverzichtbare Quelle seines Schaffens pries. Er hat sogar mehrmals einige Urlaubstage im Ferienhaus seines Bildhauer-Kollegen Hermann Hubacher in Faulensee zugebracht, ein Luxus, den sich Mächler nie gegönnt hat. Die journalistische Arbeit hat wohl manchmal den scheuen Mächler unter die Leute gebracht, aber sie scheint – wenn man von Hans Werthmüller, dem Kameraden aus dem Humboldtianum absieht – zu keinem freundschaftlichen Kontakt geführt zu haben, der die Berner Journalistenperiode überdauerte.

Da unter den lebensgeschichtlichen Gemeinsamkeiten Walsers und seines Biographen Mächler die psychiatrische Hypothek besonders stark ins Gewicht fällt, dürfen die markanten Unterschiede nicht unterschlagen werden. Walser wurde am Ende eines gut dreißigjährigen, zwar mannigfach angefochtenen, aber überaus fruchtbaren literarischen Schaffens interniert. Während der viereinhalb Jahre, die er in der Berner Klinik Waldau verbrachte, schien es sogar, als würde dieses Refugium die Kontinuität seines Schreibens eher fördern als behindern. Erst die ihm 1933 aufgezwungene Verlegung nach Herisau, die ihm unter anderem den inspirativen Nährboden Berns entzog, ließ den erschöpften Autor dichterisch verstummen. Von akuten seelischen Krisen unbehelligt, fügte er sich fortan bis zu seinem Tod 1956 als stiller Patient in den Anstaltsbetrieb. Walsers ›Krankheit‹ gab immer wieder Anlaß zu Spekulationen. Daß bei der kurzen Eintrittsmusterung in der Waldau umstandslos die fatale Diagnose Schizophrenie gefällt wurde, gilt heute als Skandalon, und man darf annehmen, daß Walser unter besseren sozialen und literarischen Bedingungen vielleicht die psychiatrische Verwahrung erspart geblieben wäre. Indessen hat er seine seelischen Probleme nicht simuliert, und verschiedentlich stößt man in seinen Schriften auf eine heimliche Sehnsucht, dereinst – bedrückender gesellschaftlicher Zwänge ledig – in einem Kollektiv aufzugehen.

Wie immer es um das reale psychische Leiden Mächlers und dessen Therapiebedürftigkeit bestellt war, unbestritten ist, daß er sich eine psychiatrische Klinik als geeignete Stätte für die Entstehung grandioser Werke vorstellte und die nötigen Maßnahmen traf, um an einen solchen Ort zu gelangen. Freilich mußte das poeto-philosophische Unternehmen auf dem Papier scheitern, aber als Psychose hat er den inneren Aufruhr bis zur bitteren Neige ausgekostet. Neben den Kränkungen eines Versagers haben ihm seine krausen Gespinste entsetzliche Qualen bereitet, die sogar wiederholt seine Existenz bedrohten. Dessen ungeachtet hat Mächler die Zeit in Malévoz auch als geistiges Abenteuer erlebt, und noch im hohen Alter trauerte er dessen Intensität nach, wenn er die Erfahrungsarmut seiner ›vernünftigen‹ Jahrzehnte dagegenhielt. Nach seiner Entlassung aus Malévoz empfand er allerdings seine jugendliche Hybris als schuldhaft, und er beschloß, fortan solchen Anwandlungen zu entsagen. Zunächst übte er sich in der Mimikry des journalistischen Kleinbürgers, der möglichst unauffällig eine fremdbestimmte Arbeit ausführte, und entsprach damit exakt dem Verhalten Walsers in der Klinik, der, anders als Mächler in Malévoz, ein Muster angepaßter Normalität abgab. Später errichtete Mächler gegen die Verlockungen der Imagination das Bollwerk seiner Vernünftigungslehre, deren gewaltiger Anspruch *nolens volens* auf die früheren Größenphantasien verwies.

Während des Zweiten Weltkriegs wurde die Journalistenfron durch militärische Pflichten unterbrochen. Vorerst mußte der nachgemusterte Hilfsdienstsoldat eine Flab-Rekrutenschule absolvieren, um in der Folge einige Male Aktivdienst zu leisten. Begreiflicherweise wußte der pazifistisch gesinnte, eher unpraktische und nicht gerade auf Kameradschaft erpichte Mächler mit dem Militär ebensowenig anzufangen wie dieses mit ihm, aber er überstand die Zeit einigermaßen unbeschadet. 1941 kehrte er nach Baden zurück, fand bei seiner Großmutter Unterschlupf und diente fortan dem *Badener Tagblatt* als Lokalberichterstatter. Wann immer das kleinstädtische Leben sich zu etwas Berichtenswertem rüstete, war Mächler zur Stelle und rapportierte in seinem Blatt. Auch Konzerte fielen in seine Zuständigkeit, obwohl er selber seine Kompetenz in musikalischer Hinsicht gering einschätzte. Was ihm an Fachkenntnissen abging, suchte er daher durch eine plausible Verwendung der Termini, die er aus der Lektüre von Musikbüchern gewann, wettzumachen und formulierte im übrigen seine Urteile mit tunlicher Zurückhaltung. Diese entsprach ohnehin seinem Naturell und seiner Auffassung von kleinstädtischem Kulturjournalismus, die ihm nahelegte, »eher Sprachrohr der Volksstimme als kritische Sonde zu sein« (Kult, 94). So traf sich sein Entschluß, allem ruhmsüchtigen Gebaren abzuschwören, mit der Tugend dieses Metiers, und die Zeitungsredaktion hatte Grund, sich zur Akquisition ihres Mitarbeiters zu beglückwünschen. Mächlers Rückschau, die 1961 publizierten »Erfahrungen und Gedanken eines Kleinstadtjournalisten«, läßt mit keiner Silbe ahnen, daß ihm diese Tätigkeit mißfallen hätte. Vor dem späteren Tribunal seiner Vernünftigungslehre hat sie allerdings keine Gnade gefunden. Der mildernde Umstand des Brotberufs vermochte in seinen Augen nichts gegen das Verdikt des Kleinmuts, der ihn daran hinderte, seine Energie an einen würdigeren Zweck zu wenden.

1942 starb Mächlers Großmutter und hinterließ ihm ihr Haus an der Martinsbergstraße, in dem er nun alleine wirtschaftete. Da lernte er 1945 in der Nachbarschaft eine Frau kennen, die zwar sein Junggesellentum nicht erschütterte, die ihm aber, trotz der Kürze ihrer Begegnung, seither als Ideal einer Geistesgefährtin vorkam. Die um vier Jahre ältere Hedwig Maria Dorosz hatte 1939 eine Privatdozentur für Psychologie und Ästhetik an der Universität Genf aufgegeben und war zu ihren polnischen Eltern nach Baden zurückgekehrt, wo sie sich neben dem Unterricht an Mittelschulen vor allem der Schriftstellerei widmete. Mächlers Rezension ihres Bändchens *Poetische Weltfahrt* führte zu einem ersten Kontakt, und in der Folge besuchte er Hedwig Dorosz regelmäßig in ihrem Elternhaus. Offenbar verliebte sich Hedwig Dorosz in den introvertierten, weltfremd anmutenden und von seinem ungewöhnlichen Schicksal gezeichneten Intellektuellen und bekannte ihm bei einer Gelegenheit ihre Zuneigung. Mächler verehrte die sensible, hochgebildete Frau, konnte indessen ihre Gefühle nicht erwidern, zumal sie ihn erotisch nicht anzog. Bei solch unterschiedlichen Erwartungen verkrampfte sich ihre Beziehung, zu Mächlers ausdrücklichem Bedauern, aber zum leicht begreiflichen Selbstschutz der zurückgewiesenen Frau. Vielleicht hätte ihr Verhältnis neu begründet werden können; der frühe Tod von Hedwig Dorosz im Mai 1946 unterband indessen jede weitere Entwicklung.

Nach ihrem Tod übergab Vater Dorosz Mächler ein fünfzehnseitiges Manuskript seiner Tochter, *Mutter Klara an ihren Sohn Konrad*, das der Empfänger als »Vermächtnisbrief« ansah. Im Zeichen ihrer »geistigen Intimität« (Erl, 11) hatte Mächler einst der Freundin eine dramatische Vorstufe seines späteren Berichts *Das Jahr des Gerichts* anvertraut, die er in aller Heimlichkeit sieben Jahre nach seiner Entlassung aus Malévoz unter dem Titel *Das Jahr des Herrn* geschrieben hatte. Auf dieses Werk bezieht sich Hedwig Dorosz' Rollenprosa, die mit Mächlers Alter ego Konrad zugleich den spröden Geliebten adressiert. Dabei nimmt die mütterlich liebende Autorin innigen Anteil am geistig-seelischen Werdegang Konrads, sucht dessen schwieriges Wesen zu deuten, gesteht ihm eine singuläre Sendung zu und möchte ihm allen erdenklichen Schutz angedeihen lassen. Weder vorher noch nachher haben Mächlers geistige Bestrebungen je eine geneigtere Rezipientin gefunden, und Mächler hat es ihr zeitlebens gedankt. Jahrzehnte später hat er diesem Text eine längere Schrift, *Erläuterung eines Briefes*, gewidmet, die Hedwig Dorosz' Ausführungen Punkt für Punkt kommentiert und eine persönliche Einschätzung seines eigenen Casus vornimmt. Das Manuskript trägt den bezeichnenden Untertitel »Wofür ich gelebt haben möchte«, denn tatsächlich blieb die Frühverstorbene die Instanz, vor der Mächler bestehen wollte. An dem, was Hedwig Dorosz vertrauensvoll als sein Schaffenspotential erkannte, maß er sein Wirken, und er bekennt einmal: »Wenn mich eine mutlose oder sonstwie negative Stimmung überwältigen will, so gibt mir die Lektüre dieser Seiten (H.D.' Brief) oder auch nur die Erinnerung an sie einen neuen Antrieb, etwas für die Vernünftigung der Menschenwelt zu tun.« (Blicke, 45)

Robert Walser teilte mit seinem Biographen ein Junggesellentum, das wohl minim gefährdet, aber nie ernstlich in Frage gestellt wurde. Beide haben aus ähnlichen Gründen auf eine Ehe verzichtet. Ihre eigenbrötlerischen Bedürfnisse, sexuellen Hemmungen, ein obsessives Dichter- und Denkertum sowie materielle Mißlichkeiten schienen eine Partnerin auszuschließen. Merkwürdigerweise spielte auch in Walsers Leben eine mütterliche Frau eine wichtige Rolle, doch einmal mehr offenbart diese Gemeinsamkeit eher trennende als verbindende Aspekte. Walser lernte die Wäscherin Frieda Mermet zunächst als Freundin seiner Schwester Lisa kennen, ein Umstand, der seit Anbeginn ihrer Beziehung eine leicht inzestuöse Färbung verlieh. Das erotische Gewölk, bald anziehend, bald bedrohlich, verzog sich allmählich, und im Verlauf ihrer Begegnungen und vor allem eines regen Briefwechsels entschärfte sich die Beziehung zu einer launigen Tändelei zwischen Mutter und Sohn. Auf Geheiß des Dichters spielte die gutmütige Frieda Mermet eine Mama, die ihren etwas ungezogenen Jungen mit Eßwaren und hausfraulichen Dienstleistungen verwöhnte. Wahrscheinlich hatten beide ihren Spaß, und was Walser an sinnlicher Erfüllung abging, wurde durch den Mehrwert des neckischen Rollenspiels entschieden aufgewogen. Anders als Mächler, der mit Hedwig Dorosz eine »intellektuelle Intimität« erlebte, hat Walser gerade angezogen, daß er es bei Frieda Mermet mit einer unintellektuellen Frau zu tun hatte, die er freilich gern, wenn ihm danach zumute war, in höhere Sphären hob. Beiden wäre ein Verhältnis, wie es jeweils der andere mit seiner mütterlichen Freundin pflegte, ein Greuel gewesen, was nicht hindert, daß Walsers Junggesellentum zweifellos Mächlers Empathie bei seiner biographischen Annäherung gefördert hat.

Es ist ungewiß, wann Mächler nach seinem Verzicht von 1929 erneut von literarischem und philosophischem Ehrgeiz gepackt wurde. Wer würde es ihm verargen, wenn er neben der fremdbestimmten journalistischen Arbeit immer wieder eigenen Schreibimpulsen gehorcht hätte! Jedenfalls wartete er 1949 mit einem literarischen Erstlingswerk auf, das ihn wiederum in eine gewisse Nähe zu Walser rückt. *Der Optimystiker* lautet der etwas irreführende Titel des Buches, das laut dem Untertitel »Menschenfreundliche und andere Gedichte« versammelt. Poetische, humoristische und aufklärerische Bestrebungen gehen hier eine wunderliche Mischung ein, die unter der Flagge der Hoffnung auf eine bessere Welt segelt. Man wird nicht recht froh dabei. Die Anekdote soll dem Gedanken dienen, der wiederum für seine Zwecke bestimmte formale Mittel – ein bei Carl Spitteler und Peter Gan bezogenes Instrumentarium – in die Pflicht nimmt. Auch wirkt die Munterkeit aufgesetzt, und man spürt, daß der Autor diese ihm sonst fremde Tonlage nur deshalb pflegt, um das Wohlwollen der Leser für seine Anliegen zu gewinnen. Bestimmt lag es Mächler fern, als dichterischer Neutöner auftreten zu wollen. Schwerer wiegt, daß seine menschenfreundlichen Ermahnungen im humorigen Versgewand nicht überzeugen konnten.

Nun hat Walser nicht nur 1898 als Lyriker debütiert, sondern er hat auch nach längerer Abstinenz in dieser Gattung Mitte der zwanziger Jahre zum Gedicht zurückgefunden. Binnen acht Jahren sind – privatem Vergnügen und feuilletonistischer Verwertbarkeit zufolge – einige Hundert gereimter Gebilde entstanden, von denen die meisten im mikrographischen Entwurf verblieben. Auch Walsers Versschmiede unterläuft die Ansprüche hoher Lyrik und schreckt vor keiner formalen Ungehörigkeit zurück. Auch seine Texte sind oft auf Munterkeit gestimmt. Selbst Anekdotisches mit moralischer Nutzanwendung ist ihnen nicht fremd, und bisweilen stößt man auf einzelne Zeilen, die ebensogut von Mächler stammen könnten. Doch während bei Mächler die launigen, läßlichen Eigenheiten einem Kalkül folgen, bezeugen sie bei Walser reines Spiel, allenfalls übermütige Blödelei. Nicht umsonst lautet Walsers Credo in einem Brief an Max Rychner (18. März 1926): »Das Gedicht entspringt aus der Lust des Intelektbesitzers, auf eine große Portion hievon zu verzichten.« (Briefe, 267) Übrigens brachte Walser einen Vorbehalt gegenüber dem Intellekt schon darin zum Ausdruck, daß er das Wort grundsätzlich mit *einem* ›l‹ schrieb. Mächler hat nicht nur im Rahmen der von Jochen Greven betreuten Gesamtausgabe Walsers Lyrik ediert, er hat auch öfter in der Rubrik des *Badener Tagblatts* »Das Samstaggedicht« Texte von Walser vorgeführt. Daß er diesen hinfälligen Produkten einigen Reiz abgewann, belegen seine im vorliegenden Buch aufgenommenen Erläuterungen. Für Walsers Verstöße gegen die gängige Reimkunst fand er wohl Milderungsgründe, befreunden mochte er sich allerdings kaum damit, was vielleicht überrascht, wenn man Mächlers eigene Verspraxis in Rechnung stellt.

1950 zog Mächler in das nahe bei Baden gelegene Nußbaumen, wo er ein Zimmer mietete und während zweier Nachmittage pro Woche in einer benachbarten Gärtnerei arbeitete. In solcher Abgeschiedenheit vom städtischen Treiben wandte er sich wieder der Schriftstellerei zu und verfaßte nun unter anderem das ebenso eindrückliche wie beklemmende »Zeugnis« *Das Jahr des Gerichts*. Bereits 1955 kehrte er nach Baden und in sein eigenes Haus zurück, da ihm die Stelle des Stadtbibliothekars angetragen wurde. Mächler hat über diese ehrenvolle Tätigkeit kaum mehr verlauten lassen, als daß er sie fünf Jahre später ohne Bedauern wieder aufgab. Mit ihr sistierte er auch seine Lokalberichterstattung für das *Badener Tagblatt* – dem er als Rezensent und Kolumnist freilich erhalten blieb – und übersiedelte 1961 in die kleine ländliche Gemeinde Unterentfelden, wo er im Kellergeschoß eines Einfamilienhauses ein kärglich möbliertes Zimmer bezog. Er verfügte nicht einmal über ein eigenes Telephon, wie er auch ohne die Segnungen des Radios und Fernsehens auskam. Als Hausbesitzer, und dank Erbschaften keineswegs unbemittelt, hätte er sich ein behagliches Domizil leisten können, aber in diesem spartanischen Gelaß fand er offenbar das ihm entsprechende Heim auf Lebenszeit. Eine Denkerklause, die eine ideale Abwicklung des grüblerischen Hauptgeschäfts gewährleistete? Die Zelle eines weltlichen Eremiten? Das Gehäuse eines asketischen Sonderlings, der sich partout nichts gönnen wollte? Der Daseinsraum eines Außenseiters, der auf diese Weise der Erfolglosigkeit seines Lebens und Strebens Rechnung trug? Was immer Mächlers bescheidenen Wohnverhältnissen zugrunde lag, kein Besucher, der sie je inspizieren durfte, blieb von ihnen unberührt. So anspruchslos Mächlers Lebensstil, so strebsam und ordentlich oblag er seinen geistigen Tätigkeiten. Stets ging er zeitig zu Bett, um anderntags möglichst früh seine Schreib- und Lesearbeit an einem einfachen Tisch zu verrichten. Die Mahlzeiten beschränkte er auf dürftige Happen, Suppen und Getränke, die er sich in einer Kochnische zubereitete. Die Bücher besorgte er sich regelmäßig in der Kantonsbibliothek Aarau, deren Lesesaal ihm zudem einen weiteren Arbeitsplatz bot. Seine eigenen Bücher wickelte er in Packpapier ein, ohne sie zu beschriften, und verteilte sie nach einem nur ihm selber zugänglichen System auf die Regale. Er achtete strikt auf das Einhalten seiner solitären Gewohnheiten und führte dennoch keine abgeriegelte Existenz. Bei der ihn herzlich umsorgenden Schlummermutter Frau Bionda, auch bei andern ihm freundschaftlich gewogenen Menschen war er manchmal zu Gast. Vor allem pflegte er den brieflichen Gedankenaustausch mit einer Reihe von bedeutenden Persönlichkeiten, die ähnlich wie er auf ein Wirken außerhalb des akademischen *main stream* bedacht waren: so mit dem Farbentheoretiker und Dichter Hans Werthmüller, den Philosophen Erich Brock, Walter Robert Corti und Hans F. Geyer (alias Hans Rütter), dem protestantischen Pfarrer und Schriftsteller Kurt Marti, dem Kriminologen des Christentums Karlheinz Deschner und dem Historiker und Henri-Guisan-Biographen Willi Gautschi. Diese in erster Linie intellektuell begründeten Beziehungen wurden durchaus von menschlicher Sympathie mitgetragen. Sie haben aber Mächler nur bedingt entschädigt für das, was er zeitlebens vermißte: eine echte Gesinnungsfreundschaft.

Mächler als der ein geregeltes Tageswerk verrichtende Insasse seines ›Kellerlochs‹ – Mächler als bürgerlich korrekt gekleideter, feingliedriger, in sich gekehrter Fußgänger: das erinnert wiederum an den während dreiundzwanzig Jahren internierten Patienten der Heil- und Pflegeanstalt Herisau.

Hatte Walser dort seine dichterische Tätigkeit *ad acta* gelegt, war Mächlers Schaffensdrang in Unterentfelden ungebrochen. 1961 erschien die noch in Baden entstandene Untersuchung *Der christliche Freigeist*, in der Mächler den Göttlichkeitsanspruch Jesu einer gewissenhaften Prüfung unterzieht. Gegen ein dogmatisch erstarrtes Christus-Bild tritt er für eine permanente Auseinandersetzung mit der widersprüchlichen christlichen Lehre ein, ohne den Glauben preiszugeben. Mächlers zunehmend radikalere Kritik am »Vollkommenheitspopanz« (War, 53) Jesu galt insbesondere auch der kirchlichen Praxis, und in einem Mitte der siebziger Jahre öffentlich ausgetragenen Streitgespräch mit Kurt Marti argumentierte Mächler aus der Position eines »sinnfreundlichen Agnostikers«. Als solcher hieß er das metaphysische Sinnbedürfnis gut, aber er bestritt den Religionen das Recht, diesen Bereich den Kriterien der Vernunft zu entziehen und autoritär über letzte Fragen zu befinden. Bei diesem Disput erwies sich Mächler als durchwegs ebenbürtiger Gesprächspartner, der über solide theologische und biblische Kenntnisse verfügte und seinem Gegner nichts schenkte. Auch für die von Karlheinz Deschner herausgegebene Anthologie *Warum ich aus der Kirche ausgetreten bin* (1970) schrieb er einen hervorragenden Beitrag, der in einer wohltuend uneitlen, redlichen Diktion seine religiöse Entwicklung nachzeichnet. Man bedauert, daß es Mächler damals nicht bei der religionskritischen Publizistik bewenden ließ, sondern daß er sich durch Rückbesinnung auf die juvenilen Größenphantasien in die dünne Luft der Utopie hinaufschwang. Hier inthronisierte er die Vernunft, die ihm bei der Durchleuchtung des Christentums so gute Dienste geleistet hatte, zur souveränen Herrscherin. Auf diese Ordnungsmacht wollte er die ganze Menschheit vereidigen. Führte er den schlechten Zustand der Welt auf grassierende Dummheit zurück, erhoffte er sich von der Vernunft, käme sie nur zu geziemender Anwendung, zwar kein leidloses, aber doch ein leidlich glückliches Leben für alle. Rechtes, richtiges, wahres, um Wahrhaftigkeit bemühtes Denken würde dafür sorgen, daß die Religion in ihre Schranken gewiesen, die wirtschaftlichen und sozialen Mißstände behoben, die Kriege abgeschafft, die Ausbeutung der Natur auf ein Minimum verringert würden und das Individuum ebenso wie das Kollektiv zu ihrem jeweiligen Recht kämen. Gewiß, wer würde uns Erdenbewohnern nicht ein gerüttelt Maß *common sense*, das vom enragierten Utopisten geforderte »vernünftige Grundlagendenken«, wünschen, nur – möchte man ihm mit Bertolt Brecht zurufen: »Doch die Verhältnisse, sie sind nicht so.«

Während des Ersten Weltkriegs hat Robert Walser den kurzen Text *Phantasieren* (1915) geschrieben, der gleichfalls im utopischen »Dort« angesiedelt ist, »wo die Gedanken wohnen«. Darin entwirft er die Vision einer rundweg friedlichen Welt, um nach so viel schönem Schein resignativ abzubrechen: »Ich sehe wohl ein, daß ich phantasiere.« (GW VI, 167) Mit einem flüchtigen Traumbild mochte sich Robert Mächler nicht abfinden. Zwar hat er die ersehnten paradiesischen Verhältnisse nicht ausgepinselt, aber er hat in Unterentfelden seine gesammelte Geisteskraft dafür eingesetzt, sozusagen händeringend die Vernunft als einzig rettendes Heilmittel zu beschwören. 1967 publizierte er im Selbstverlag die Broschüre *Richtlinien der Vernünftigung*. Später rief er, enttäuscht über den Mißerfolg dieser Schrift, in gleicher Weise *Zur Grundlegung der geistigen Einheit* (1971) auf und wollte zuletzt wenigstens *Für ein besseres Geistesklima* (o. J.) geworben haben. Wenn ihn die intensive Beschäftigung mit Walser auf befristete Zeit vom Königsweg der Vernünftigung abbrachte, so geschah dies auch in der vergeblichen Hoffnung, dank seines Renommees als Walser-Forscher Interesse für seine utopischen Schriften zu wecken. Daß seine Mission fehlschlug, hat er sich und der Welt nie verziehen. Gemessen an diesem höchsten Einsatz und Ziel hat er alle übrigen höheren Dinge verworfen. Nicht nur peinigte er sich mit Vorwürfen, Jahrzehnte seines Lebens vertrödelt und zuwenig konsequent die Sache der Vernunft betrieben zu haben. Der gesamte Bereich der Kunst – seine eigenen literarischen Ambitionen und Walsers Werk eingeschlossen – wurde von ihm als Vergeudung von Talent, als kultureller Karneval der Eitelkeit, als Frevel an der Hauptaufgabe der Menschheit befehdet. Ein gewaltiger Steinbruch von Aufzeichnungen, Aphorismen, Exzerpten zeugt von Mächlers Anstrengung, es fortwährend besser zu machen und unverdrossen gegen die Taubheit seiner Mitwelt anzuschreiben. In solchem Trotz, der den Be- und Verwertungsinstanzen des Literaturbetriebs Paroli bietet, kommt Mächler dem Mikrographen Walser wiederum eigentümlich nahe. Ohnehin bergen Walsers und Mächlers Handschrift, so verschieden ihre graphologische Beurteilung ausfallen mag, ein aufschlußreiches *tertium comparationis*. Beide besaßen eine ungewöhnlich regelmäßige, gut lesbare Federschrift, die an das Muster einer Schülerhandschrift erinnert und ihren Texten nicht bloß äußerlich anhaftet. Tatsächlich könnte man das Walsersche Prosastück in mancher Hinsicht aus der Form und Beschaffenheit des Schüleraufsatzes herleiten. Bekanntlich hat Walser mit den fingierten Aufsätzen eines Schülers Fritz Kocher debütiert, und er hat auch später auf diesen Terminus zur Bezeichnung seiner Kurzprosa zurückgegriffen. Das Puerile, die Weigerung, sich als konformes Mitglied der ›erwachsenen‹ Gesellschaft zu behaupten, war ein fester

Bestandteil seines Habitus und hat immer wieder seine dichterische Produktion beflügelt. In der Anlage von Walsers mikrographischer Werkstatt steckt etwas von einem schelmischen Bubenstreich, der einer widrigen Umgebung ein Schnippchen schlägt.

Solche spielerische Nutzanwendung der Knabenimago war Mächler verwehrt, aber auch sein »melioristisches« Schaffen (Blicke, 219) hält in der Verstiegenheit seines Anspruchs dem frühen Leid der Jünglingsjahre die Treue, wie ihm insgeheim bewußt war. Er selber gewahrte ja den Keim der Vernünftigungslehre in jener nihilistischen Erfahrung, die ihn 1924 auf dem Bahnhof Luzern überkam. Das merkwürdige Unterfangen, seine grandios ausgeheckten Juvenilia in einer psychiatrischen Klinik zu realisieren, mußte er schmerzlich genug büßen. Sein ungestilltes Bedürfnis nach einem philosophischen Zugriff aufs Ganze schwelte indessen weiter, und als er diesem Drang erneut stattgab, trugen ihm seine Bemühungen wenig Freude ein. Die Diskrepanz zwischen dem Angestrebten und Erreichten blieb ihm nicht verborgen, und wenn ihn trübe Stimmungen befielen, hielt er sein Leben für verpfuscht. Noch auf seinem Todeslager im Februar 1996 schalt sich der Entkräftete bisweilen mit erschreckender Vehemenz einen »Narren«. Es trifft wohl zu, daß er »keinen einzigen Gesinnungsfreund« (Richt, 3) fand, der ihm auf sämtlichen Wegen und Abwegen seines Denkens folgen mochte. Jeder aber, dem es vergönnt war, Robert Mächler persönlich zu kennen, war von seiner Erscheinung, seinem freundlichen, bescheidenen, stillen und dabei unbeirrt den wahrhaft eigensinnigen Intentionen verpflichteten Wesen angetan. Fürwahr, ein seltener Mann!

Werner Morlang

Bibliographische Angaben

Im folgenden sind ausschließlich jene gedruckten und ungedruckten Werke verzeichnet, die mir beim Verfassen der Einleitung gedient haben. Natürlich sind mir dabei auch meine jahrelange Bekanntschaft mit Robert Mächler sowie ein längeres Tonbandgespräch, das ich am 2. September 1995 mit diesem über seine Walser-Beschäftigung führte, zustatten gekommen. Für eine umfassende Bibliographie, insbesondere aber eine ausführliche kritische Würdigung von Mächlers ethischen und utopischen Schriften möchte ich auf die von Gabriele Röwer und Karlheinz Deschner betreute Edition im Zürcher Pano-Verlag hinweisen.

Freud, Sigmund: Eine Kindheitserinnerung des Leonardo da Vinci. In: S. Freud, Gesammelte Werke, Bd. VIII, London 1943. (Abgekürzt: Kind)
Mächler, Robert: Blicke auf mich und mein Leben. Undatiertes Manuskript, 252 Seiten. (Abgekürzt: Blicke)
ders.: Der Christliche Freigeist. Versuch einer wahrhaftigen Jesusbetrachtung. Pallas Verlag, Zürich 1961.
ders.: Das Leben Robert Walsers. Suhrkamp Verlag, Frankfurt am Main 1992. (Abgekürzt: Bio)
ders.: Das Jahr des Gerichts. Ein Zeugnis. Ähren Verlag, Affoltern am Albis 1956. (Abgekürzt: Ger)
ders.: Der Optimystiker. Menschenfreundliche und andere Gedichte. Verlag Gropengießer, Zürich 1949.
ders.: Erläuterung eines Briefes oder Wofür ich gelebt haben möchte. Undatiertes Manuskript, 75 Seiten. (Abgekürzt: Erl)
ders.: Für ein besseres Geistesklima. Befunde und Leitsätze. Selbstverlag, o. J.
ders.: Kulturkritischer Pressespiegel. Erfahrungen und Gedanken eines Kleinstadtjournalisten. In: Badener Neujahrsblätter, Baden 1961. (Abgekürzt: Kult)
ders.: Lebenslauf (1933). Manuskript, 15 Seiten. (Abgekürzt: Leb)
ders.: Persönliches und Überpersönliches zu meiner Befassung mit Robert Walser. Typoskript (1978). (Abgekürzt: Pers)
ders.: Richtlinien der Vernünftigung. Selbstverlag, Unterentfelden bei Aarau 1967. (Abgekürzt: Richt)
ders.: Warum ich aus der Kirche ausgetreten bin. Beitrag zur gleich-

betitelten Anthologie von Karlheinz Deschner. Kindler Verlag, München 1970. (Abgekürzt: War)
ders.: Zur Grundlegung der geistigen Einheit. Selbstverlag, Unterentfelden bei Aarau 1971.
Marti, Kurt / *Mächler*, Robert: Damit der Mensch endlich wird, was er sein könnte. Ein Streitgespräch zwischen einem Christen und einem Agnostiker. Benziger Verlag, Zürich 1993.
Seelig, Carl: Wanderungen mit Robert Walser. Suhrkamp Verlag, Frankfurt am Main 1990.
Walser, Robert: Das Gesamtwerk. Herausgegeben von Jochen Greven. 12 Bände, Verlag Helmut Kossodo, Genf und Hamburg 1966–75.
- darin: Band XI, Gedichte und Dramolette. Herausgegeben von Robert Mächler.
- darin: Band XII/2, Briefe. Herausgegeben von Jörg Schäfer, unter Mitarbeit von Robert Mächler (Anmerkungen und Verzeichnis der Briefempfänger).
Zinniker, Otto: Robert Walser der Poet. Classen Verlag, Zürich 1947.

Editorische Vorbemerkung

Die vorliegende Auswahlsammlung versteht sich eminent als ›Lesebuch‹ und weniger als wissenschaftliche Publikation. Wie aus den Erscheinungsorten der Texte ersichtlich wird, hat sich Robert Mächler jeweils an eine über den engeren Fachkreis weit hinausgehende Öffentlichkeit gewandt. Grundsätzlich aller gedanklichen und stilistischen Akrobatik abgeneigt, hat er sich dabei einer sachlich-nüchternen Ausdrucksweise bedient, die freilich auch ihr persönliches Gepräge aufweist. Indem er keine spezifischen Walser-Kenntnisse voraussetzte, hat er die Themen seiner Erörterungen jedesmal mit gebührender Ausführlichkeit exponiert. Als Ganzes gelesen, enthalten die Texte daher sowohl in den biographischen Mitteilungen wie in den Zitaten einige wiederkehrende Passagen. Sie erscheinen indessen stets in einem neuen Kontext und signalisieren zudem, welchen Walserschen Phänomenen Mächlers vornehmliche Aufmerksamkeit gilt. Birgt eine fortlaufende Lektüre somit ihren Reiz, seien die Leserinnen und Leser des Bandes dennoch ermuntert, nach eigenem Gusto zu verfahren und sich das sie Interessierende herauszugreifen. Mächler selber hat von sich aus nie an eine Sammlung seiner verstreuten Walser-Aufsätze gedacht. Er hat aber, wie es seiner Art entsprach, diesem Unternehmen mit wohlwollender Skepsis zugestimmt.

Unter den rund 60 Beiträgen Mächlers zu Walser wurden insgesamt 27 für dieses Buch ausgewählt. Obwohl die zwischen 1959 und 1995 geschriebenen Texte ihre Entstehung den verschiedensten Anlässen und Beweggründen verdanken, fiel ihre Gruppierung nicht allzu schwer. Es ergaben sich fünf Teile, innerhalb derer die Abfolge der Texte eher die Chronologie von Walsers Lebensgeschichte als die Daten ihrer Niederschrift beachtet. Das trifft vor allem auf die Texte der ersten Gruppe zu, die – trotz gewisser motivischer Engführungen – Walsers gesamtes Werk und Wirken im Visier haben. Die folgende Gruppe enthält zwei Aufsätze über einen Bereich, der Mächler besonders am Herzen lag: Walser Religiosität. Eine dritte Gruppe situiert Walser in seinem Verhältnis zum Sozialismus und zum Militär und rückt ihn in die Nähe zugleich verwandter und konträrer Geister wie Max Stirner, Henri-Frédéric Amiel, Friedrich Nietzsche und den Badener Pazifisten Pierre Ceresole. In der vierten Gruppe finden sich Mächlers Beiträge zu Walsers widerborstiger später Lyrik (mit Ausnahme eines Kommentars zu einem frühen Gedicht), darunter das erste gedruckte Zeugnis seiner Walser-Beschäftigung. Eine letzte Gruppe versammelt zwei Buchrezensionen, eine Erläuterung zur verfänglichen Einschätzung von Walsers Ich-Bezogenheit und drei Walseriana aus aktuellem oder persönlichem Anlaß. Endlich wurde eine kleinere Abhandlung aufgenommen, welche die geistige Konstellation des Dichters und seines Biographen Mächler prägnant zum Ausdruck bringt. Der Herausgeber hielt es für reizvoll, einzelne Texte zu berücksichtigen, die nicht zentral von Walser handeln, aber belegen, wie sich Mächler auch an unvermuteten Stellen auf ihn beruft.

Sämtliche Aufsätze erscheinen hier ungekürzt und in ihrer ursprünglichen äußeren Darbietung. So wurde etwa auf einen exakten Nachweis der Walser-Zitate bewußt verzichtet. Diese lassen sich in den meisten Fällen leicht eruieren, und da seit der längst vergriffenen Standard-Werkausgabe des Kossodo Verlags zwei in der Paginierung abweichende Taschenbuch-Werkeditionen erschienen sind, besteht für die Walser-Philologie ohnehin eine unvermeidbare Mißlichkeit. Für einzelne Fälle konnten von Mächlers Hand korrigierte Zeitungsabdrucke oder Typoskript-Vorlagen beigezogen werden. Im Sinne der Vereinheitlichung sind sämtliche Titel kursiv wiedergegeben. Außerdem wurden sowohl doppelte wie einfache Anführungszeichen verwendet, um Zitate von festen Wendungen und stehenden Ausdrücken zu scheiden.

W. M.

Walser über die Walser-Literatur

Mich freut so sehr die Walser-Lit'ratur.
Sie lehrt die Menschheit vieles über mich,
das mangels ernster Wissenschaftskultur
mir selber dunkel blieb. Bedauerlich
ist nur: man merkt ihr allzu selten an,
dass ich, dank armen Teufels Freiheitslist,
denn doch als grössten Schweiger Humorist
in Frage und in Vorschlag kommen kann –
wobei ich gar nicht böse bin, wenn einer,
dem Zürich eben mehr als Bern gefällt,
den Gottfried Keller ungeachtet seiner
Bettagsmandate für den grössern hält.

                        Robert Mächler

I. Robert Walser für die Katz?
Gesamtdarstellungen

Robert Walser für die Katz?

In dem Prosastück *Für die Katz* äußert Robert Walser die Meinung, daß die Schriftsteller und hie und da sogar Dichter »für die Katz« arbeiten, das heißt »für den Tagesgebrauch«, für den »Kommerzialisiertheitsinbegriff«, für die »Zivilisationsmaschinerie«. Dieses Prosastück, in welchem er gleich zu Beginn erklärt, er schreibe es »für die Katz«, entstand 1928 oder 1929, entweder im Jahr vor dem Ausbruch seiner Krankheit oder im ersten Jahr seines Aufenthalts in der Berner Heilanstalt Waldau. Hier, in der Waldau, schrieb und publizierte er noch. In der Heilanstalt Herisau, wohin er seines appenzellischen Heimatscheins wegen im Juni 1933 verbracht wurde, entsagte er dem dichterischen Schaffen ganz.

Warum das Verstummen? Ein Grund war die fortdauernde Krankheit (Angstzustände, Stimmenhören). Aber in der Waldau hatte er trotzdem geschrieben. Ein stärkerer Grund war vermutlich der übermächtig gewordene Widerwille gegen ein Tun, das ihm nie ein normales Erwerbseinkommen verschafft hatte. Und entscheidend mochte die Erkenntnis ins Gewicht fallen, daß noch so hochstrebende literarische Bemühung eben doch für die Katz sei.

Warum für die Katz? Beweist das heutige Ansehen Robert Walsers nicht, daß die Bemühung sich gelohnt hat? Im Jahr 1917 hatte Hermann Hesse in einer Besprechung von Walsers *Poetenleben* geschrieben: »Wenn er hunderttausend Leser hätte, wäre die Welt besser.« Heute, mehr als sechzig Jahre danach, mag Walser wohl hunderttausend Leser haben. Ist die Welt jetzt besser? Walserischer ist sie offenbar nicht geworden.

In der rührigen kleinen Industriestadt Biel geboren und aufgewachsen, später meist in großen Städten wohnend, hat Robert Walser die rapid zunehmende Herrschaft von Technik und Industrie miterlebt. In seinem Werk ignoriert er sie fast durchgehend. Wo er sie zur Kenntnis nimmt, wahrt er deutlich die innere Distanz. Er erklärt nicht etwa wie Gandhi, alles Maschinenwesen sei Sünde, doch kühl vermerkt er in dem Prosastück *Radio*: »Es wäre unhöflich, den Siegeszug des technischen Erfindungsgeistes nicht schlankweg zuzugeben.« Der siegreichen Technik setzt er seine vertrackt-romantische Wanderburschen- und Spaziergängeridyllik entgegen, wobei er sich etwa in folgendem Stil unfreundlich gebärden kann: »Leuten, die in sausendem Automobil sitzen, zeige ich stets ein hartes Gesicht ... Finster schaue ich auf die Räder, auf das Ganze, nie jedoch auf die Insassen, die ich, zwar keineswegs persönlich, aber rein grundsätzlich verachte, da ich nimmermehr begreife, wie man es ein Vergnügen nennen kann, so an allen Gebilden, Gegenständen, die unsere schöne Erde aufweist, vorüberzurasen, als sei man toll geworden und müsse rennen, um nicht zu verzweifeln.«

Das harte Gesicht und die finsteren Blicke des Dichters haben das Überhandnehmen des motorisierten Verkehrs natürlich nicht verhindert. Fraglich ist, ob auch nur seine Verehrer sich mehrheitlich des Dahinsausens enthalten und als Wanderer und Spaziergänger sich seiner Nachfolge befleißigen.

Die mit Kriterien der Technik verwandte Leistungsidee des modernen Sports war ihm ebenfalls wesensfremd. Der Antrieb zu gelegentlichen Parforcemärschen – zum Beispiel von Bern nach Genf in ungefähr dreißig Stunden oder von Bern auf den Niesen und zurück in zweiundzwanzig Stunden – kam mehr aus seinem Individualismus als aus sportlichem Ehrgeiz.

Von wirtschaftlichen Dingen hat Robert Walser notgedrungen mehr Notiz genommen als von der Technik. Zehn Jahre lang war er kaufmännischer Angestellter und zwar meistens in angesehenen Häusern wie von Speyr in Basel und Zürcher Kantonalbank. Er hätte in dieser Zeit Stoff zu realistischen Romanen aus der Geschäftswelt sammeln können, beschränkte sich indessen auf skizzenhafte Schilderungen, die vorzugsweise dem eigenen Sonderfall des dichtenden Commis gewidmet waren, und auf die Porträtierung einer zwielichtigen Randfigur der Gesellschaft, des dem Bankrott zutreibenden Erfinders Tobler im Roman *Der Gehülfe*. Nach den Commisjahren strengte er sich an, als freier Schriftsteller sein Auskommen zu finden. Im Verkehr mit Verlegern konnte er geschäftsmäßige Sachlichkeit zeigen. Doch verschmähte er es, seine dichterische Eigenart zugunsten einer marktgängigeren Produktion zu verleugnen, und blieb arm. Josef Viktor Widmann rühmte von Walsers erstem Roman, *Geschwister Tanner*, das Buch schlage einen Dämon aus dem Felde, »der schon so manches sonst wackere Herz feige gemacht hat: die Furcht vor der Armut«.

Hat diese Furcht in der Christenheit, unter so vielen berufsmäßigen Lobrednern der evangelischen Armut, infolge von Walsers gelebtem und gedichtetem Vorbild abgenommen? Wohl niemand wagt, dies zu behaupten. Es wäre noch dann unwahrscheinlich, wenn er nicht bloß hunderttausend, sondern ein paar Millionen Leser hätte.

Eine weitere Abstinenz Robert Walsers, die politische, erregt vielleicht mehr Stirnrunzeln als bloßes Kopfschütteln. Das Politische langweile ihn, hat er gestanden, wenn auch nur in einem Brief. Die eigenen, von Hause aus ärmlichen Lebensumstände und die Liebe zu den Armen hätten ihn zum Sozialismus führen können. Tatsächlich machte er Miene, diesen Weg einzuschlagen, als er sich im März 1897 vergeblich um eine Anstellung in der Redaktion der Zürcher *Arbeiterstimme* bewarb. Indes vertrug sich sein paradoxes Denken nicht mit einseitiger Klassenkampftheorie und sein freischweifendes Dichtertum nicht mit Parteidisziplin. Während des Ersten Weltkriegs äußerte er in einem Brief an Frieda Mermet seinen Ärger über die »Esel, die in die Fabriken laufen und Munition machen« und über »die heutigen mageren Staats- und Weltlenker«, leistete jedoch gelassen seine Militärdienste als Füsilier der Berner Landwehr und lehnte es ab, sich an pazifistischen Kundgebungen von Intellektuellen zu beteiligen. »Die Politiker«, schrieb er damals an Hermann Hesse, »sind unzufrieden mit mir. Aber was ist mit Artikeln in Zeitungen und Zeitschriften Großes und Gutes zu erreichen? Wenn die Welt aus den Fugen ist, so nützt die Anstrengung von zwanzigtausend tollen Hamleten wenig oder nichts.«

Was sagen die heutigen engagierten Schriftsteller dazu? Hoffentlich räumen sie ein, daß der von dem unpolitischen Walser ausgegangene Menschlichkeitsimpuls auch der Politik zugute kommt.

Im Jahr 1921 gab Robert Walser aus Erwerbsgründen ein kurzes Gastspiel in einem Randbereich der Wissenschaft, als Zweiter Bibliothekar des Staatsarchivs in Bern. Nach ein paar Monaten hatte er Krach mit dem Vorgesetzten und quittierte die Stelle. Von persönlichem wissenschaftlichem Interesse ist bei ihm noch weniger zu merken als von politischem. Wohl kommen in seinen Büchern allerhand geschichtliche und andere humanwissenschaftliche Kenntnisse zum Vorschein. Auf systematisches Studium eines Sachgebietes scheint er sich aber nie eingelassen zu haben. Wissenschaftlich gediegene Landschaftsbeschreibungen verfaßte sein Bruder Hermann, der Geographieprofessor; er selber vereinigte als Naturschilderer Originalität des Ausdrucks mit der Gepflogenheit der Romantiker, sich der Ausbreitung spezieller Kenntnisse zu enthalten. Unbeschwert von Gelehrsamkeit sind auch seine genialisch plauderhaften ›Essays‹ über Dichter und Maler.

Was dächte er wohl von den teilweise hochwissenschaftlichen Büchern und Abhandlungen, die in den letzten zwanzig Jahren über ihn geschrieben worden sind? Der Schöpfer eines wesentlich humoristischen Welt- und Menschenbildes würde vermutlich lächeln über so viel Gelehrtenernst, so viel Verwissenschaftlichung des unwissenschaftlichen – wenn auch nicht ›unwissend‹ – Geschaffenen. An der Erhebung seiner selbst zum Forschungsgegenstand fände er bestätigt, woran er schon zu Lebzeiten nicht zweifeln konnte: daß die Wissenschaft insgesamt sein Ignorieren ignoriert und kräftig weiterwuchert – unbekümmert zumal auch darum, wieviel von ihr zur »Wissenschaft des Nichtwissenswerten« zählt (dies der Titel eines Buches von Lajos Hatvany, über den Walser ein Gedicht geschrieben hat).

Philosophische Einflüsse, wie sie Goethe von Spinoza, Schiller von Kant, Gottfried Keller von Ludwig Feuerbach erfuhren, gibt es bei Walser nicht. Abgesehen von ein paar kritischen Bemerkungen über Nietzsche, die er im Gespräch mit Carl Seelig fallen ließ, hat er zu Philosophen nie Stellung genommen, obschon das Nachdenken über Welt und Leben seine Dichtung ebenso innig durchwirkt wie die von Goethe, Schiller und Keller. Am Spiel der Begriffe fand er nur Gefallen, wenn er es spielerisch, frei vom Zwang systematischen Erörterns, betreiben konnte.

Doch wie sich der Poet Walser durch die Philosophen nicht beirren ließ, so lassen sich diese durch ihn, durch die demonstrative Einfachheit oder ironische Schnörkelhaftigkeit seiner Gedankengänge nicht davon abhalten, immer neue, kompliziertere, mehr auseinander- als zusammenstrebende Begriffswelten zu schaffen.

Dichtung und Kunst hat der Dichter und Sprachkünstler Robert Walser mehr beachtet als die anderen menschlichen Wirkungsbereiche, aber auch mehr in Frage gestellt. Die Prosastücke und Verse, in denen er sich mit Dichtern, vorzugsweise exzentrischen und tragischen wie Byron, Kleist, Hölderlin, Lenau, Büchner, Trakl befaßt, belegen sein ambivalentes Verhältnis zur Literatur. Noch deutlicher zeigt sich dieses in seinen vielen Selbstdarstellungen. Einerseits hat er eine himmelhohe Idee vom künstlerischen Schaffen, andererseits zunehmende Zweifel an dessen Sinn und Wert. Es wird ihm klar, daß in der literarischen und künstlerischen Verarbeitung des Lebensstoffes etwas Lebensfeindliches ist. Aus eigener Erfahrung bezeugt er: »... Einer, der immer von Leben oder von Lieben spricht, stört sich sein Lieben oder Leben. Das was man nicht erwähnt, lebt am lebhaftesten, weil jedes Erwähnen, Andeuten irgend etwas von dem Betreffenden wegnimmt, ihn's angreift, mithin vermindert.« (An Frieda Mermet, – »ihn's«: mundartlicher Akkusativ von »es«.) Das Leben selber, meint Walser, protestiere gegen fortwährende künstlerische Ausbeutung: »Ein Land und ein Volk wollen nicht in einem fort geschildert, dargestellt oder abgebildet, sondern begehren in Ruhe gelassen zu sein.« Er nennt sich eine »schönheitstrunkene Seele« und findet es doch anständig, »zuerst Lebensfragen zu erledigen, bevor die zierlichen Kunstfragen erledigt werden«. Wie selten einer erkennt er den im Kulturleben herrschenden ›Kampf ums Dasein‹, den unbarmherzigen Wettbewerb der Geister sowie dessen trübe Kehrseite, eine »auf höherer und lebhafterer Empfindung beruhende Müdigkeit«. Die Kultur selber, so lautet die zusammenfassende Erkenntnis, »ist ja gewiß nichts anderes als die Eitelkeit selber, sie muß sie sein, und wer ganz und gar darauf verzichtet, eitel zu sein, der geht verloren, oder er gibt sich preis«.

Mit solchen Einsichten vertraut, hat Walser als Teilnehmer am literarischen Wettbewerb dennoch zähe Energie und einen Eigensinn höchsten Grades bewiesen. Kaum ein anderes dichterisches Werk ist so frei von nachweisbarer Vorbildwirkung wie das seine. Auch hat er es sich, im Unterschied etwa zu Thomas Mann und Hermann Hesse, kompromißlos versagt, andere Schriftsteller durch Buchbesprechungen und Geleitworte zu fördern oder sich herausgeberisch zu betätigen. Seine Aufgabe, die exemplarische Selbstdarstellung als Dichter in Clownsgestalt, verbot ihm Bemühungen, die zu dieser ureigenen Rolle nicht gepaßt hätten. Dem Verdacht, daß auch sublimste zeitgenössische Dichterkünste an der »Katzlichkeit« teilhaben, hat er indirekt mit den einfältig, zuweilen blöd anmutenden Gedichten seiner letzten Schaffensjahre Ausdruck gegeben. Dann entschwand er, den Traum seines Jakob von Gunten wahrmachend, »dem, was man europäische Kultur nennt«, und lebte bis zu seinem Tode in der »Wüste«: als Insasse der Heilanstalt Herisau Zimmer reinigend, Papiersäcke falzend und leimend, Wolle zupfend, Stanniolabfälle oder Schnüre sortierend. Nahezu ein Vierteljahrhundert lang schrieb er keine Zeile mehr für den Druck. Vom unbeschädigten Geiste des Patienten zeugt das Büchlein seines Freundes und Vormunds Carl Seelig, *Wanderungen mit Robert Walser*.

Hat dieses Beispiel der Entsagung bei den Berufsgenossen in der Schweiz und in der Welt praktische Folgen gehabt? Noch immer halten sie es für Ehrensache, »jährlich«, wie Walser sich ausdrückte, »irgendwelche neue Hundertprozentigkeit ans Tageslicht gelangen zu lassen«. Jährlich kommen Hunderttausende von neuen Büchern auf den Markt, konkurrenzieren einander und alle ältere Literatur und werden vom Volk schlecht assimiliert.

Noch weniger als in Literatur und Kunst vermochte sich Robert Walser in irgendeiner Art überlieferter Religion wahrhaft heimisch zu fühlen. Der Enkel des zum aufklärerischen basellandschaftlichen Zeitungsmann und Politiker gewordenen Johann Ulrich Walser trat zwar nicht aus der reformierten Kirche aus, leugnete Gott nicht, verehrte in Jesus den Träger einer göttlich zu nennenden Gesinnung, verhielt sich jedoch aller institutionellen Religion gegenüber reserviert oder in milder Form kritisch. Simon in *Geschwister Tanner* zweifelt lebhaft am Wert der üblichen Frömmigkeit: »Ob ihm (Gott) Predigten und Orgeltöne recht angenehm sind, ihm, dem Unaussprechlichen? Nun, er wird eben lächeln zu unsern immer noch so finsteren Bemühungen, und er wird hoffen, daß es uns eines Tages einfällt, ihn ein wenig mehr in Ruhe zu lassen.«

Selbstverständlich fand ein so gearteter Geist auch keinen Geschmack an okkultistischen und sonstigen esoterischen Lehren. Die Bekanntschaft mit zwei Berner Landsmännern und Schriftstellerkollegen, dem Anthroposophen Albert Steffen und dem Astrologen Alfred Fankhauser, konnte schon deshalb nicht zu eigentlicher Freundschaft gedeihen.

Walser selber hat sicher nicht angenommen, daß seine behutsame, höflich-spöttische, auf beiläufige Bemerkungen beschränkte Religionskritik eine weitreichende Wirkung haben werde. Der Macht des Althergebrachten im Bereich der Glaubensüberzeugungen war er zu deutlich bewußt. Christentum und andere geschichtliche Religionen dauern denn auch, ungeachtet nicht nur Walsers, sondern sogar des unverblümt gegnerischen marxistischen Materialismus, einstweilen fort und scheinen die Kraft zu haben, noch manche Krise zu überstehen. Der dichtermäßig freie, das Welt- und Lebensgeheimnis verehrende Agnostizismus Walsers hat nicht Schule gemacht.

Das bisher Gesagte könnte die Meinung erwecken, Robert Walser habe sich in einem isolierenden Negativismus gefallen und sei vielleicht deswegen krank geworden. Doch er setzte, wie schon früher angedeutet, den herrschenden gesellschaftlichen Mächten und Strömungen weniger die ausdrückliche Negation entgegen als eine stille Abstinenz, ein vorsichtiges Nichtmitmachen, einen durch Herzensklugheit gemilderten Spott. Soweit dennoch eine Art Negativismus festzustellen ist, wird er wettgemacht und überwogen durch die lebensfreundlichen Aspekte seiner Dichtung, im besonderen durch die Beschwörungen eines veredelten Menschentums, wie sie etwa in den Prosastücken *Seltsame Stadt*, *Phantasieren* und *Träumen* vorliegen. Es sind utopistische Wunschbilder ohne Angabe bestimmter politischer und sozialer Einrichtungen, Schilderungen eines Gesellschaftszustandes, wie er nur unter wahrhaft erzogenen, innerlich gebildeten Menschen herrschen kann. »Freundlich sind dort die Menschen. Sie haben das schöne Bedürfnis, einander zu fragen, ob sie einander unterstützen können. Sie gehen nicht gleichgültig aneinander vorbei, aber ebensowenig belästigen sie einander.« So etwas würde zu vollgültiger Verwirklichung einer weltweiten, ausdauernden Erziehungsarbeit bedürfen. Der Dichter Walser war nicht der Mann, eine solche lautstark zu fordern, und ein Politiker, der es täte, erschiene angesichts der gigantischen Gesellschaftsmaschinerie unserer Tage als das, was bedingungsweise eben nur der Dichter sein darf, als Phantast und Träumer.

Das Prosastück *Phantasieren*, das mit den angeführten Sätzen beginnt, endet mit dem Geständnis des Verfassers: »Ich sehe wohl ein, daß ich phantasiere.« In der *Seltsamen Stadt* aber lesen wir: »Dichter gab es keine. Dichter hätten solchen Menschen nichts Erhebendes, Neues mehr zu sagen gewußt. Es gab überhaupt keine Berufskünstler, weil Geschicklichkeit zu allerhand Künsten zu allgemein verbreitet war. Das ist gut, wenn Menschen nicht der Künstler bedürfen, um zur Kunst aufgeweckte und begabte Menschen zu sein.«

Was Robert Walser, der sanfte Widerspenstige, abgelehnt oder ignoriert hat, ist zu seinen Lebzeiten und nachher weitergewachsen, und was er gewollt, mit dem Wort seiner Dichtersehnsucht herbeigewünscht hat, ist Dichtersehnsucht geblieben. Er selber beschied sich mit dem poetischen Als-ob. Dank einer in den Gegensätzen erfahrenen Geistes- und Gemütskraft hat er sogar sagen können, die Welt gefalle ihm so, wie sie sei. Er hat zum Kulturleben, dessen Eitelkeit ihm bewußt war, das Seinige beigetragen, hat Werke geschaffen, die zu ihrer gesellschaftlichen Breitenwirkung der Dienste des Handels, der Industrie, der Technik, der Wissenschaft und der Massenmedien bedürfen, das heißt auf die »Zivilisationsmaschinerie« angewiesen sind. Zu Carl Seelig hat er einmal bemerkt: »Ist in seiner Art nicht auch ein erfolgreicher Schriftsteller ein Mörder?« Ist der nunmehr erfolgreiche Schriftsteller Walser ein postumer Mörder? Oder schrieb er, weil die Welt keine Walser-Färbung annehmen will, einfach »für die Katz«? Selbstverständlich sträuben wir uns, diese Fragen ernstlich zu bejahen. Wir haben immer noch die Chance, uns die riesige Diskrepanz zwischen der Übermacht der ›Wirklichkeit‹ und der Ohnmacht der Dichtersehnsucht wenigstens recht deutlich zu machen. So unmittelbar, wie Sokrates dachte, ist das höhere Wissen wohl nicht der Tugend gleichzusetzen, aber, wie Ludwig Hohl sagt: »Das Erkennen geht *unmerklich* in die Tat über.«

Basler Zeitung, 14.4.1978

Ist alles faul?

In Robert Walsers Roman *Jakob von Gunten* sagt Johann, der Bruder Jakobs, zu diesem: »Vor allen Dingen: komme dir nie verstoßen vor. Verstoßen, Bruder, das gibt es gar nicht, denn es gibt vielleicht auf dieser Welt gar, gar nichts redlich Erstrebenswertes. Und doch sollst du streben, leidenschaftlich sogar. Aber damit du nie allzu sehnsüchtig bist: präge dir ein: nichts, nichts Erstrebenswertes gibt es. Es ist alles faul.«

Robert Walser schrieb den Roman *Jakob von Gunten* um 1908 in Berlin, als Dreißigjähriger. Also schon damals, auf der schönsten Höhe des Mannesalters, hatte er so grausam nihilistisch anmutende Gedanken. Vereinzelte ähnliche Töne sind sogar schon in den Versen des Jünglings anzutreffen. In der kinderreichen Familie des in Biel ansässig gewordenen Buchbinders und Kaufmanns Adolf Walser waren wirtschaftliche Sorgen an der Tagesordnung gewesen. Als Banklehrling, später zehn Jahre lang als Commis, hatte sich Robert Walser äußerlich ins Joch des Erwerbslebens gefügt, jedoch keinen Sinn fürs Karrieremachen gezeigt und erste Schritte in Richtung Künstlerfreiheit gewagt. Nach einem mißglückten Versuch, Schauspieler zu werden, überzeugte er sich von seiner dichterischen Sendung. Indessen erfuhr er in den Jahren, die er als freier Schriftsteller in Berlin verbrachte, daß wahrhaft freie Menschlichkeit und geistige Gesundheit in den Reichen der Literatur und Kunst so wenig die Herrschaft haben wie in Wirtschaft und Politik. Sein Bruder Karl, mit dem er eine Zeitlang die Wohnung teilte, brachte es als Bühnenbildner des Reinhardt-Theaters zu größerem Ansehen als er, worüber er sich wenig grämte. Was Johann (Karl) an der zitierten Stelle zu Jakob (Robert) sagt, umschreibt des Dichters eigenste Erkenntnis: Erfolg ist kein verläßlicher Wert, und wer wenig oder keinen hat, möge sich deswegen nicht minderwertig fühlen.

In vielfältigen Abwandlungen hat Robert Walser immer wieder an die wesensmäßige Eitelkeit der Kultur erinnert. Das eigene literarische Streben sah er davon nicht ausgenommen. Mag die Krankheit, die ihn nach dem fünfzigsten Lebensjahr befiel, als Schizophrenie oder anders diagnostiziert werden: der von Jugend auf in ihm wirksame Gedanke »Es ist alles faul« hatte sicher Anteil daran, daß er in den letzten dreiundzwanzig Jahren seines Lebens nichts mehr schrieb, obwohl sein Verstand unbeschädigt war. Beim Falzen und Leimen von Papiersäcken und bei ähnlichen Beschäftigungen in der Heil- und Pflegeanstalt Herisau dünkte ihn das Leben wohl weniger faul als in der Arena des kulturellen Wettbewerbs.

Solchem offenbar tief erlebten Erkennen nach müßte das Werk eines Dichters, falls er überhaupt noch zum Dichten Kraft fände, einen stark pessimistischen Charakter haben. Walser jedoch fand nicht nur, wenigstens bis zur Internierung in Herisau, die Kraft zum Dichten, zu leidenschaftlichem Streben im Sinn seines Johann von Gunten, sondern schuf ein Lebenswerk, das wie selten eines Heiterkeit und Daseinsfreude ausstrahlt. Die Heiterkeit Walsers hat zunächst etwas knabenhaft Naives, so besonders in *Fritz Kochers Aufsätzen*, die er in den Zürcher Commisjahren schrieb. In jugendlich selbstbewußtem Stil durchwirkt sie die autobiographischen und -psychographischen Romane der Berliner Zeit und die damaligen, vom Erlebnis der Großstadt getönten Prosastücke. Im heimatlichen Biel, wohin er sich, in seinen Berliner Hoffnungen getäuscht, 1913 zurückgezogen hatte, produzierte er während des ersten Weltkriegs, wie zum stillen Protest gegen dessen Schrecklichkeit, Prosa und Verse von betont idyllischer Art. Als Beispiel sei folgender Abschnitt aus dem Bericht über eine Jurawanderung angeführt:

»Blitzendes Luftmeer, bezaubernder, frischer Wind, der schmeichelnd mir ins Gesicht und über den Bergrücken strich, lachende, entzückende Aussichten, liebe Freiheitsbäume, aber nicht revolutionäre, theatralische, sondern naturhafte, erdwüchsige und ganz vernünftige, die aufs angenehmste in der Bergluft säuselten, daß man sich über ihren fröhlichen, herzgewinnenden Anblick schon von weitem freuen durfte, friedlich grasende Tiere mit idyllisch läutenden Glocken am Halse, Friede, Freude und Freiheit, Wohlklang und Schönheit, Bewegung und Gesundheit, näher und ferner gelegene Sennhütten, Vogelgezwitscher und dunkel- oder hellgrüner Wald, Klänge, Düfte und Farben, Menschliches vermischt, verflochten mit Göttlichem, all das verständliche Einzelne und Kleine, und wieder das unfaßbar Gewaltige, Allgemeine: Darf ich dich fragen, ob ich etwa nicht Grund hatte, mich getragen, gehoben und im allerbesten Sinne befriedigt und beglückt zu fühlen?«

Trunkener als Gottfried Keller (mit dem er, beiläufig gesagt, das starke Faible für den Alkohol gemeinsam hatte) rühmt Walser hier und an vielen anderen Stellen seiner Dichtung den »goldenen Überfluß der Welt«. Wer ihn länger und aufmerksam liest, traut aber dem Lobgesang nicht mehr unbedingt. Plötzlich kann es ganz anders tönen – so etwa in dem ebenfalls in Biel entstandenen Prosastück *Hans*, wo es gegen Schluß heißt: »Nach und nach wurde es wieder Frühling, wonach auch der Sommer wiederkehrte, der dem letztjährigen fast aufs Haar glich. Wäldchen und Wälder hatten von neuem wieder ihre liebe, grüne Wonnefarbe angenommen. Im August brach der Krieg aus.«

Hans nimmt Abschied von seinen Träumereien und fährt nach Bern zur Mobilmachung. Walser – denn er ist Hans – wird als Füsilier eines Berner Landwehrbataillons in verschiedenen Gegenden der Schweiz Aktivdienst leisten und dabei nicht sehr unglücklich sein. Jedenfalls klagt er nicht über persönliche Unannehmlichkeiten, ärgert sich hingegen grundsätzlich über den Wahnwitz des Krieges: »Lauter Strohköpfe, Schafsköpfe, wohin man blickt. Esel, die in die Fabriken laufen und Munition machen, und andere Esel und Schafe in Menge. Hundert Millionen Strategen an Eßtischen, wo es nachgerade nichts mehr zu essen gibt. Ein Knäuel von Hilflosigkeit und Maulaffigkeit.« So läßt er sich allerdings nicht öffentlich vernehmen, sondern bloß in einem Brief an seine Freundin Frieda Mermet.

Dem Idyll und der Lebenslust ist übrigens auch dort nicht ganz zu trauen, wo sie sich scheinbar unvermischt bekunden. Wenn Walser das Leben verherrlicht und der Natur huldigt, spürt man bald einmal jene feine Übertreibung, die anzeigt, daß es nicht völlig ernst gemeint ist, oder, besser gesagt, daß die unschönen und schmerzlichen Aspekte des Lebens dabei mitbewußt sind. Ironie erscheint in Walsers Dichtung in vielen Formen und wirft Streiflichter auf die faulen Stellen im Einzelnen und in der Gesellschaft. Sie hindert aber nicht, das Wunderbare von Welt und Leben dennoch zu empfinden und darüber hinaus mit Jakob von Gunten »das Gute, Reine und Hohe irgend, irgendwo versteckt in Nebeln zu wissen und es leise, ganz, ganz still zu verehren und anzubeten, mit gleichsam total kühler und schattenhafter Inbrunst ... «

Zwei Jahre nach Kriegsende zog Robert Walser nach Bern, wo er eine Zeitlang als Zweiter Bibliothekar im Staatsarchiv tätig war und dann wieder zum Beruf des freien Schriftstellers zurückkehrte. Er versuchte es nochmals mit dem Romanschaffen, hatte jedoch kein Glück damit. Die zahlreichen in Bern verfaßten Prosastücke, die zum Teil in Zeitungen und Zeitschriften erschienen, zum Teil erst aus dem Nachlaß veröffentlicht wurden, zeigen ein komplexeres Menschenbild als die früheren, bleiben aber auf einen humoristischen Grundton gestimmt. Das gilt auch von den meisten Gedichten dieser Jahre, Gebilden von seltsam nachlässiger Form und oft wunderlichem Inhalt. Schon in *Fritz Kochers Aufsätzen* hatte er sich als Anwärter auf den Beruf des Clowns gesehen, und tatsächlich gleicht sein Lebenswerk einer kunstvollen dichterischen Clownerie. Der für Spaßmacher höherer Art charakteristische Hintergrund von Schwermut und Weltschmerz war von Anfang an da und mußte bei zunehmendem Alter die Durchführung der Clownsrolle mehr und mehr in Frage stellen. Walser hat diesen Hinter- oder Untergrund noch in den ersten Krankheitsjahren, als immer noch literarisch tätiger Insasse der Berner Heilanstalt Waldau, zu verbergen gesucht. Ein Zeugnis des Ethos, das solchem Verhalten zugrunde liegt, ist das wahrscheinlich in der Waldau geschriebene Gedicht *Aus Rücksicht*:

»Käm's mir nur auf mich selber an,
so wär' ich längst schon alt und müd.
Aus Rücksicht auf das Weltgemüt
hielt ich das Altern für verfrüht.

Weil ich nicht andere ermüden soll,
bin ich von Unermüdetheiten voll.
Ich gab mich jung und blieb es
und habe hiemit Liebes
den Menschen und mir selber angetan.
Zur Göttin schaute ich mit Lust empor,
ließ mit lebhaft empfundenem Vergnügen
von ihr mich rügen.
Gewiß ist der, der liebt, ein Tor,
doch geht hieraus etwas hervor.«

Als er 1933 in die Heilanstalt Herisau kam, hat sich Walser das Müdesein dann doch ein- und zugestanden, wenigstens in bezug auf das Dichten. Den Gesprächen mit Carl Seelig, seinem Freund und Vormund in den späteren Krankheitsjahren, ist zu entnehmen, daß er das Faule in der Gesellschaft und die Schwachheit des Einzelmenschen ebenso scharf oder noch schärfer wahrnahm als in der dichterisch produktiven Zeit.

War Robert Walser im Grunde ein Pessimist? So eindeutig wie der heroische Pessimist Carl Spitteler hat er sein Urteil über Welt und Leben nicht ausgesprochen. Dem schönen Schein hat er auf seine clowneske Art ebenso innig gehuldigt wie dieser. Ein starker humoristischer Zug ersparte es ihm, ein Unglücklicher tragischen Stils zu werden wie die von ihm geliebten Dichter Hölderlin, Kleist und Lenau. Er hat die Frage eines Herisauer Anstaltsarztes, ob er gleichsam wunschlos glücklich sei, mit Ja beantwortet, was man natürlich nicht ganz zum Nennwert nehmen darf. Die eine Seite Walsers ist gleichnishaft von seinem ersten Förderer, Josef Viktor Widmann, gekennzeichnet worden: Er, Widmann, fühlte sich durch die »närrischen Stellen« in Walsers Werk an jenes deutsche Tiermärchen erinnert, wo es heißt: »Das Füchslein warf sich ins Gras und wollte sich zu Tode lachen.« Die andere Seite ist Jakob von Guntens Verehrung des in Nebeln versteckten Guten, Reinen und Hohen, verbunden mit der Trauer darüber, daß es im wirklichen Leben nur Gegenstand der Sehnsucht sein kann. Der Humorist Robert Walser hätte wie der Humorist Gottfried Keller sagen können: »... wer wollte am Ende ohne diese stille Grundtrauer leben, ohne die es keine rechte Freude gibt?«

Badener Tagblatt, 15.4.1978

Robert Walser, »der gröbste Berner, den's jemals gab«

Aus der Berner Heilanstalt Waldau, die ihn Anfang 1929 aufgenommen hatte, schickte Robert Walser im August des gleichen Jahres ein Brieflein an das *Berliner Tageblatt*, worin er sich in fein gedrechselten Wendungen darüber beklagte, daß er für seine letzten Beiträge weniger Honorar bekommen habe, als abgemacht war. Die Zeitung druckte diese Beschwerde ab und rühmte in der redaktionellen Vorbemerkung, Robert Walser, der »das zarteste Deutsch« schreibe, sei »auch in seiner geschäftlichen Korrespondenz von vorbildlicher Höflichkeit«.

Der vorbildlich Höfliche sah sich selber zuweilen ganz anders, und nicht ohne Grund. Im Sommer 1925 hatte er in Gesellschaft seiner mütterlichen Freundin Frieda Mermet ein paar Ferientage in Murten verbracht und sich dort über Mitgäste im Hotel, besonders über eine Malersfrau, ärgern müssen. Nachher schrieb er an Frau Mermet: »Schade, daß uns gerade eine solche Farbenreibersau unsere Ferien verärgern mußte. Wäre sie eine ächte Sau mit einem Schwänzchen und rosaroter Haut und mit der nötigen vierbeinigen Appetitlichkeit ausgestattet gewesen, so würde ich sie doch als Schinkenlieferantin usw. haben einschätzen können, aber ich bin ja selber der gröbste Berner, den's jemals gab, und vorhin schrieb ich über die Grobheiten anderer.«

Zartheit und Grobheit waren nicht die einzigen gegensätzlichen Eigenschaften im Wesen Robert Walsers. Er kannte sich selber in dieser Hinsicht gut und hat in seinem stark autobiographischen Werk vielfältige Auskunft darüber gegeben. Zur Hauptsache erklären sich die Gegensätzlichkeiten aus der Charakterverschiedenheit der Eltern, wobei allerdings schwer zu sagen ist, von welchem Elternteil die Grobheit kam. Wahrscheinlich handelt es sich nicht so sehr um eine wirkliche, ursprüngliche als um eine gespielte Grobheit, eine rauhe Außenseite, die der allzu Feinfühlige sich aus Gründen des Selbstschutzes zulegte.

Die Mutter aus dem Emmental

Der Vater, Adolf Walser, war Appenzeller, ein Abkömmling jenes Walserstammes, der im Hochmittelalter aus dem Oberwallis ausgewandert und früher noch im Berner Oberland ansässig gewesen war. Aufgrund dieser stammesgeschichtlichen Perspektive hätte sich Robert Walser auch der Vaterseite nach einen Berner nennen können. Jedenfalls war er einer von der Mutter her, und zwar ein Emmentaler. Elisa Walser-Marti, in Schangnau heimatberechtigt und aufgewachsen, verkörperte allerdings nicht den aus Gotthelfs Romanen bekannten bäuerisch-robusten Emmentalerinnen-Typ. Es bedrückte sie schwer, als das Papeterie- und Spielwarengeschäft, das sie und ihr Gatte, ein gelernter Buchbinder, in Biel betrieben, schlechter und schlechter ging. Als Mutter von acht Kindern war sie wohl auch körperlich überfordert. Sie wurde gemütskrank und starb 1894, zur Zeit, da Robert Walser noch Lehrling in der Bieler Filiale der Berner Kantonalbank war. Die erste erhalten gebliebene Dichtung von ihm und die einzige berndeutsch geschriebene, die Szenenfolge *Der Teich*, hat unverkennbar autobiographische Züge. Sie schildert, wie der Knabe Fritz seine strenge, scheinbar unzugängliche Mutter durch vorgetäuschten Selbstmord dazu bringt, ihm vermehrte Aufmerksamkeit und Liebe zuzuwenden. Ohne Zweifel hatte Walser die Anlagen, durch die er schließlich zum dauernden Insassen von Heilanstalten geworden ist, hauptsächlich von der Mutter, die geselligen, welt- und lebensfreundlichen zumeist vom Vater.

Der Wanderer im Bernbiet

Hans Holderegger hat in seiner Zürcher Dissertation über Walsers Romane einen Zusammenhang zwischen der eigenartigen, vielleicht krankhaften Mutterbeziehung des Dichters und seinem Verhältnis zur Natur konstatiert: »Der Wunsch nach Vereinigung mit der Natur scheint eine Übertragung des Wunsches nach Vereinigung mit der Mutter zu sein ... « Auf der Höhe des Mannesalters, in den Jahren, da sich die meisten Männer eines normalen Geschlechtslebens erfreuen, pflegte der Junggeselle Walser ein besonders inniges Verhältnis zur Natur. Nach achtjährigem Berliner Aufenthalt kehrte er, an der großstädtischen Schriftstellerexistenz irre geworden, 1913 ins heimatliche Biel zurück. Das Gefühl, seelisch zu genesen und zu neuem dichterischem Schaffen zu erstarken, erwuchs ihm vor allem aus den Spaziergängen und Wanderungen in der Umgebung Biels und im entfernten Jura. Das häufigste Wanderziel war die Heilanstalt Bellelay in der jurassischen Gemeinde Saicourt, wo seine Schwester Lisa die Kinder der Anstaltsangestellten unterrichtete und die bald seiner Freundschaft teilhaftig werdende Frieda Mermet die Lingerie besorgte. Anders als der ältere Bruder Hermann, der Geograph, ließ er die Landschaft ohne Forscherinteresse, rein gefühlsmäßig auf sich wirken, freilich mit dem Ausdrucksinteresse des Dichters, wovon insbesondere die breit angelegten Schilderungen des Bandes *Seeland* Zeugnis geben.

Anfang 1921 übersiedelte er nach Bern. »Ich begann nun«, sagte er später zu Carl Seelig, dem Freund und Vormund in den Krankheitsjahren, »unter dem Einfluß der wuchtigen, vitalen Stadt weniger hirtenbübelig, mehr männlich und auf das Internationale gestellt, zu schreiben als in Biel, wo ich mich eines zimperlichen Stiles bediente« (Carl Seelig, *Wanderungen mit Robert Walser*). Wenn aber der Hirtenbub im Stil des Dichters zurücktrat, so doch keineswegs der Wandersmann in seinem Lebensstil. Nach anderthalb Monaten konnte er an Frau Mermet schreiben, daß er »die hübsche Umgebung Berns schon recht gut kennen lernte«. Bald folgte ein Ausflug in die Heimat der Mutter; der Bericht darüber erschien unter dem Titel *Reise ins Emmental* im *Leipziger Tagblatt*. Ein andermal machte er »einen schönen, poesievollen, tollen, raschen Ausflug auf den Bantigergipfel hinauf, von wo aus einem Menschenkind die reizvollste Fernsicht geboten und serviert ist, wie eine Frucht, rund und farbig, dargeboten auf einem Teller« (an Frieda Mermet). Noch toller war ein Gewaltmarsch auf den Niesen; nachts zwei Uhr Abmarsch von Bern, mittags auf dem Niesengipfel, wo der Wanderer ein Stück Brot und eine Büchse Sardinen aß, um Mitternacht wieder in Bern – alles zu Fuß.

»*Die unsichtbare Königin von Bern*«

So passioniert er bernische Landschaft dichtermäßig in sich aufnahm, so gering war, mindestens der belegbaren Lektüre nach, sein Interesse für bernische Geschichte. Es wurde auch dadurch nicht reger, daß er 1921 aus Erwerbsgründen ein paar Monate lang zweiter Bibliothekar des Berner Staatsarchivs war. Einigen Anteil nahm er am Gegenwartsgeschehen der Stadt, ging hie und da ins Theater und in Kunstausstellungen, sah sich Festzüge an und besuchte den Rummelplatz Schützenmatte. In den Prosastücken und Gedichten jener Zeit, die derartiges festhalten, herrschen ungeachtet der nahenden Krankheit freundliche, heitere Töne vor. Unfreundliches vertraute Walser eher den Privatbriefen an, etwa dem bereits erwähnten, in welchem er sich vor dem Eingeständnis, der »gröbste Berner« zu sein, unter anderem wie folgt ausläßt:

»Sämtliche Türen des Hauses werden gerade in diesem Moment mit Macht geschletzt, d. h. ohne Sorgfalt zugeworfen. Das kommt in vielen Häusern hier in Bern vor, wo es zahlreiche Menschen gibt, die sich in einem Mangel an Manieren geradezu bespiegeln und gefallen. Das Mißachten der Anstandsregeln gilt hier als besonderes Zeichen der Intelligenz und höchsten Aufgeklärtheit. Vielleicht wird nirgends auf der Welt dem Glauben so stark gehuldigt, daß Grobheit überaus gesund sei; außerdem gilt sie auch noch als ein Beweis der Ehrlichkeit. Um einen höflichen Menschen zu kennzeichnen, gibt es hier eine recht derbe Bezeichnung, aber es wäre schade für diesen netten Brief, wenn ich mich herablassen wollte, diese Benennung aufs Papier zu tragen, das ja feines Seidenpapier ist. Die Berner sind Möggine, Chäripetere. Wenn sie nicht grobhölzig oder mindestens gnietig sein können, fehlt ihnen etwas und glauben wunder, was sie mit ihrer Gnietigkeit ausrichten, oder es ist einfach eine sogenannte traditionelle üble Gewohnheit. Diese leichte Schicht von fortlaufender Übellaunigkeit ist die unsichtbare Königin von Bern, die unabsetzbar bleibt. Ihr bringen alle Einwohner dieser sonst ganz hübschen Stadt ihren Tribut dar.«

Wiewohl er dies kaum todernst gemeint hat, gab es Umstände, die den Dichter zu solchen Urteilen geneigt machen konnten: das mit dem Alter und dem Bewußtsein der geistigen Eigenart zunehmende Gefühl der Vereinsamung; die Armut, die ihn zwang, in billigen Zimmern zu wohnen und in billigen Wirtschaften zu essen, wo er eben das Volk nicht immer von der besten Seite kennenlernte; schließlich der übermäßige Alkoholgenuß, von dem er selber mehrfach gesprochen hat und der seine Empfindlichkeit für unangenehme Eindrücke steigerte.

Der Alkohol trug wohl auch dazu bei, daß sich Verfremdungsgefühle und Halluzinationen einstellten.» ... man täuscht sich«, sagte er im Rückblick zu Seelig, »wenn man glaubt, in Bern sei es partout gemütlich. Im Gegenteil. Es spukt und gespenstert dort an vielen Orten. Deshalb bin ich auch oft umgezogen. Manche Zimmer hatten für mich geradezu etwas Unheimliches.« Die von der Mutter ererbte neurotische Veranlagung und widrige Lebensumstände wirkten zusammen, um ihn krank zu machen. 1929 kam er, wie eingangs vermerkt, in die Waldau, wo er in beschränktem Maße noch literarisch tätig war, 1933 nach Herisau, in die Heilanstalt seines bürgerrechtlichen Heimatkantons, wo er dem Dichten gänzlich entsagte.

Ja und Nein zu Gotthelf

Von Jugend auf bis ans Lebensende war Robert Walser ein ebenso genießerisch aufnehmender wie kritisch verarbeitender Leser. Gelegenheit zu beidem, Genuß und Kritik, bot ihm namentlich die Gotthelf-Lektüre.

»Ich kam ins Dorf Lützelflüh«, berichtet er in dem Prosastück *Reise ins Emmental*, »wo Jeremias Gotthelfs Denkmal steht. Fast hatte ich Lust, den Hut zu lüften, ließ es aber lieber bleiben.«

Zum Hutlüften hätte ihn die Bewunderung für Gotthelfs Sprachgenie bewogen. »Gegenwärtig«, schrieb er im Januar 1924 an Frieda Mermet, »liest man im Emmenthaler Blatt eine Geschichte von Jeremias Gotthelf: Betrachtungen vom Wandergesellen Jakob, und die sind so schön zu lesen, als äße man knusperigen Braten. Gotthelfs Sätze schmecken wie nach Fleisch: hat man sie gelesen, so hat man sich förmlich daran ersättigt, von einem spielend-reichen, gesunden Geist sind sie schauspielhaft hingeworfen. Wenn andern Schriftstellern beim Schreiben sozusagen die Rede abstirbt, blüht sie bei ihm und wird zur Frucht, und aus dem Gedruckten hervor schaut uns des Schreibers Gesicht an: man liest ihn nicht nur, sondern hört und sieht ihn, und das will ungemein viel sagen in einer Zeit, wo die Autoren bloß noch dartun, daß sie ›schreiben‹ können, d. h. die Schreibtechnik beherrschen, was oft wenig genug fruchtet.«

Vom Hutlüften abhaltend wirkte der Ärger über das polternde Moralisieren Gotthelfs. »... er hatte«, bemerkte Walser in seinem schönsten Grobianston zu Seelig, »eine Sauschnörre. Er konnte einfach nicht 's Muul halten, de Schtürmichaib. Immer mußte er an seinen Leuten etwas herumkorrigieren, bis sie ihn nicht mehr riechen konnten. Diese

Erkenntnis hat ihm schließlich den Lebensmut geknickt. Ich will damit nicht sagen, daß er unrecht hatte. Er war ein bedeutender Dichter, ein gewaltiger Prediger, der es gut gemeint hat mit seinem Volk. Aber man bezieht nicht ungestraft Front gegen die eigene Nation. Es mußte den Bernern wie ein Verrat vorkommen, daß er sie vor den Fremden so oft heruntergekanzelt hat. Denn wer ihn las, das waren die Deutschen.«

So verschieden die beiden sonst sind, eines haben Gotthelf und Walser gemeinsam: die von Bildungseinflüssen weitgehend unabhängige, im deutschschweizerischen Schrifttum nur noch bei Pestalozzi anzutreffende Ursprünglichkeit und Spontaneität der Sprache. Auch von Walser gilt: »Aus dem Gedruckten hervor schaut uns des Schreibers Gesicht an.«

Der Wahlberner Josef Viktor Widmann, seinerzeit der namhafteste Literaturkritiker der Schweiz, war der eigentliche Entdecker Robert Walsers. Unter dem Titel *Lyrische Erstlinge* brachte er im Sonntagsblatt des *Bund* vom 8. Mai 1898 eine Auswahl von Gedichten Walsers und begleitete dessen weiteren Werdegang verständnisvoll bis zu seinem Tod, 1911. In der gleichen Zeitung wurde im September 1919 das Dichtertum Walsers auf eine, wie er sich selber in einem Brief an Adolf Schaer-Ris ausdrückte, »geradezu zerschmetternde Art und Weise« angegriffen. Als Erzeugnis »innerer Schlappheit«, als »eine sanfte, einschläfernde, marklose Musik« meinte Otto von Greyerz, der hochangesehene Literaturprofessor und Gründer des Berner Heimatschutztheaters, die Verse Walsers kennzeichnen zu sollen: »So abgeklappt und schachmatt hat noch selten einer gedichtet.« Der Sachwalter volksnaher Heimatdichtung verkannte das einer scheinbar dekadenten Sprachmusik innewohnende starke, freiheitliche Menschentum. Das war um so betrüblicher, als von Greyerz selber für die Gefahren eines allzu realistischen, allzusehr auf das Zweckhafte gerichteten Bernergeistes nicht blind war. Walser seinerseits scheint die mit von Greyerz verbundenen damaligen Meister der bernischen Mundartliteratur, Rudolf von Tavel, Simon Gfeller und andere, nicht beachtet zu haben.

Distanziert verhielt er sich aber auch zu den über das Bodenständige hinausstrebenden Berner Zeitgenossen. In Berlin hatte er Albert Steffen kennengelernt, dessen nachmalige Hinwendung zur Anthroposophie er in dem Prosastück *Eine Art Novelle* sanft ironisch glossiert hat. Mit harmlosen Spötteleien bedachte er in Briefen an Drittpersonen den aus Biel gebürtigen Dichter, Hodler-Biographen, Archäologen und sozialistischen Politiker Hans Mühlestein; den ihm sehr wohlgesinnten Lehrer, Lyriker und Erzähler Emil Schibli, der aus dem Aargau stammte, aber in Lengnau bei Biel lebte; den Berner Stadtbibliothekar, Kulturhistoriker und Gotthelf-Herausgeber Hans Bloesch und den Dichter, Journalisten und Astrologen Alfred Fankhauser.

Die vom Vater geerbte eigentümliche Ironie scheidet Robert Walser vielleicht am meisten von dem, was gemeinhin als Bernerart gilt. Gleichwohl fehlte es ihm nicht an Sinn für das ironiefreie Volkstümliche. So konnte er in Vers und Prosa mit ungeheuchelter Wertschätzung dem Maler und Gotthelf-Illustrator Albert Anker huldigen.

»Einfach merkwürdig«

Obgleich die acht Geschwister Walser alle in Biel geboren worden und aufgewachsen sind, gewann Bern für sechs von ihnen schicksalhafte Bedeutung. Der reichbegabte, jedoch zu keiner sichtbaren Produktivität gelangte Lehrer Ernst Walser starb 1916 als Patient der Waldau. Hermann Walser, der sich 1919 das Leben nahm, war Geographieprofessor an der Universität Bern. Der Maler Karl Walser, zu Lebzeiten erfolgreicher als Robert, zuletzt in Zürich wohnhaft, starb im September 1943 im Salemspital zu Bern, nachdem er sich bei der künstlerischen Ausschmückung des Berner Stadttheaters überanstrengt hatte. Gleichfalls in Bern, im Lindenhofspital, verschied im Januar 1944 Lisa Walser, die um den Dichter treu besorgt gewesene ältere Schwester. Zu einem Herisauer Arzt sagte Robert Walser damals, der Tod Karls und Lisas, so bald nacheinander und in der gleichen Stadt, sei ihm merkwürdig vorgekommen, einfach merkwürdig, mehr könne er nicht sagen. In Bern starb 1972, nach langjährigem dortigem Aufenthalt, auch das jüngste der Geschwister, Fanny Hegi-Walser.

In Zürich, »das immer die schönere, intelligentere Stadt sein will als Bern« (an Frieda Mermet) und das dem Dichter in seinen Commisjahren viel geboten hatte, konnte 1966 dank der Carl Seelig-Stiftung ein Robert Walser-Archiv errichtet werden. Es birgt Hunderte von fein-, scharf- und tiefsinnigen Äußerungen über ihn und sein Werk. Er selber hat zwar gemeint: »Niemand ist berechtigt, sich mir gegenüber so zu benehmen, als kennte er mich.« (Prosastück *Das Kind*) Der gemeinsame Nenner aller Urteile über ihn könnte demnach lauten: Merkwürdig, einfach merkwürdig ... Robert Walser ist vielleicht, in wörtlichem und zugleich hohem Sinn, der merkwürdigste Berner, den's jemals gab.

Bernerspiegel, 15.4.1976

Die versiegende Kunstgläubigkeit
Beispiel für ein Ende der Berufskultur: Mutmaßungen über Robert Walsers Verstummen

Am 19. Juni 1933 wurde Robert Walser aus der Berner Heilanstalt Waldau in die appenzell-außerrhodische Heilanstalt Herisau verbracht. Die Gründe des Wechsels sind nicht genau bekannt. Es ist anzunehmen, daß er wesentlich durch die geringeren Kosten in der Anstalt des Heimatkantons motiviert war. Bis sich Carl Seelig um die Finanzen des kranken Dichters kümmerte, stand es um sie nicht gut. Während des viereinhalbjährigen Aufenthalts in der Waldau hatte Walser immerhin noch fleißig Gedichte und Prosastücke verfaßt und manches davon veröffentlichen können. Warum verstummte er nun gänzlich und schrieb, außer einer Anzahl Briefe, bis zu seinem Tod im Jahr 1956 nichts mehr?

Die Krankheit verschlimmerte sich keineswegs, konnte also nicht die Ursache sein. Zwar hörte er weiterhin ›Stimmen‹, doch sie hatten ihn in der Waldau nicht am Schaffen gehindert. Das gleiche gilt von dem Hinderungsgrund, den er Carl Seelig gegenüber nannte: ein Dichter könne nur in der Freiheit produzieren. Die Gespräche, die sein Freund – seit 1944 auch sein amtlicher Vormund – in dem Büchlein *Wanderungen mit Robert Walser* aufgezeichnet hat, zeugen von einem hellwachen, vielseitig beweglichen, ausdrucksfähigen Geist. Es ist unwahrscheinlich, daß Walser in den dreiundzwanzig Herisauer Jahren aus eigentlichem Unvermögen nicht mehr gedichtet hat. Etwas Grundsätzliches, aus seinem inneren Verhältnis zur Literatur Resultierendes muß ihn dazu bewogen haben.

In den Werken der ersten zwei Schaffensjahrzehnte finden sich einerseits Zeugnisse dafür, daß Robert Walser von der Kunst, insbesondere von der Dichtkunst, einen überschwenglich hohen Begriff hatte. Anderseits ist das, was er über das eigene Dichtertum und über andere Dichter sagt, immer mehr oder weniger ironisch getönt. Mit Vorliebe huldigt er exzentrischen Geistern wie Hölderlin, Kleist, Brentano, Lenau. Er charakterisiert sie in einer Sprache, die sprunghaft zwischen pathetischem Ernst und spielerischem Scherz wechselt. Nach 1920, in den Berner Jahren, setzt er sich noch unbekümmerter über die Konventionen der Dichterwürdigung hinweg, was namentlich die Abteilung »Literatur« im Band *Gedichte und Dramolette* der Gesamtausgabe belegt. »Schiller war in seiner Jugend / voll erlesner Dichtertugend. / Beispielsweise an den ›Räubern‹ / gibt es kaum etwas zu säubern, / denn sie sind von einer Pracht / der Gestaltung, daß man lacht.« In diesem skurrilen Ton, in unbeholfen anmutenden Reimereien bedichtet er auch Goethe, Byron, Tolstoi, Hamsun, Rilke und andere.

Wohl nicht so sehr aus Zweifel an den Fähigkeiten der schreibenden Zeitgenossen als an der gesellschaftlichen Zuträglichkeit des riesigen Angebots sinniert er: »Heute sei die Lit'ratur, / wie ich so bisweilen meine, / eine nur noch wie zum Scheine / pünktlich weitergehende Uhr. / Gute Bücher gibt's in Menge, / Lebenswerke wachsen an, / doch ist leider beim Gedränge / scheinbar nicht viel drum und dran ... «

Skeptischer Literaturbetrachtung begegnen wir auch in den Dichtungen, die von Jochen Greven, Martin Jürgens, Bernhard Echte und Werner Morlang aus den nachgelassenen sogenannten ›Mikrogrammen‹ entziffert worden sind.

Hinsichtlich der eigenen professionellen Vermehrung des Schrifttums hat sich Walser nicht bloß Skrupel gemacht, sondern in beschränktem Maße die Konsequenz gezogen: »Jeweilen, d. h. von Zeit zu Zeit, werfe ich zerrissene Manuskripte in den Papierkorb, im Instinkt, daß es hübsch, fein, propper, nobel sei, stets irgend was aufzuopfern, und damit das Schaffen mäßig bleibe.« (An Otto Pick, 5. Oktober 1927) Indirekt zeigt sich das distanzierende Verhältnis zur Literatur in der oft wunderlichen, aus Höflichkeit und Spöttelei gemischten Art, wie er mit Verlegern und Redaktoren verkehrt, und darin, daß er wohl mit der Glätterin Frieda Mermet, aber mit keinem einzigen Intellektuellen einen regelmäßigen persönlichen Briefwechsel führte.

Auf die Höhe des Schaffens gelangt und von bedeutenden Kritikern in seinem Wert anerkannt, macht sich Walser Gedanken über die Problematik des Kulturbetriebs insgesamt, so in dem Roman *Jakob von Gunten*, wo einerseits von den heimlichen Tücken des geistigen und künstlerischen Wettbewerbs, anderseits von der tiefinnerlichen Müdigkeit der überreizten Gebildeten die Rede ist. Eine Variation hierüber bietet das Prosastück *Der Jesuit*: »Unser friedliches Kulturleben besteht ja aus zahllosen kleinen Kämpfen, Gefechten und Schlachten. Einer sucht den andern zu überlisten, zu hintergehen, zu erdrücken, zu schwächen, weil er meint, daß er sich selber dadurch stärke, was aber ein grenzenloser Irrtum ist.«

Solche Äußerungen mögen teilweise aus persönlichen Erlebnissen im Schriftstellerberuf, zumal aus erlittenen Mißerfolgen, zu erklären sein. Blickt man indessen auf das gesamte, noch immer fortdauernde Gerangel in der kulturellen Arena, so muß man ihnen einen von subjektiven Erfahrungen unabhängigen Wahrheitsgehalt zuerkennen.

Eindeutig grundsätzlich und allgemein hat Walser seine kritische Einsicht in dem sogenannten *Tagebuch*-Fragment von 1926 formuliert: »... wir sind ja, sobald wir irgendwo in Gesellschaft auftreten, oder Kultur treiben, ohne weiteres eitel, denn die Kultur selber ist ja gewiß nichts anderes als die Eitelkeit selber, sie muß sie sein, und wer ganz und gar darauf verzichtet, eitel zu sein, der geht verloren, oder er gibt sich preis.«

Aber der Dichter hält an einem der üblen Weltbeschaffenheit trotzenden Ethos fest. Er hat seiner Idee einer sittlich zu verantwortenden Lebenskunst in mehreren Prosastücken Ausdruck gegeben, so in der Schilderung einer utopischen Stadt, in der es bezeichnenderweise keine Dichter und überhaupt keine Berufskünstler mehr gibt, »weil Geschicklichkeit zu allerhand Künsten zu allgemein verbreitet war.« Gut sei es, »wenn Menschen nicht der Künstler bedürfen, um zur Kunst aufgeweckte und begabte Menschen zu sein.« *(Seltsame Stadt)*

Das spricht für die Vermutung, daß Robert Walsers Verstummen als Dichter die praktische Folgerung aus seiner Kulturkritik war. Hätte ihn nicht Grundsätzliches gehindert, so hätte er, da sein Verstand intakt war, in den mehr als zwei Jahrzehnten des Aufenthalts in Herisau wohl öfter dem in ihm doch mächtig gewesenen, kaum radikal abgestorbenen Drang zu literarischem Schaffen nachgegeben.

Seeligs *Wanderungen mit Robert Walser* belegen ein fortdauerndes Interesse für Literatur, wenn auch keinerlei tätige Sorge für das Fortwirken der eigenen Bücher. Sie enthalten vorwiegend abschätzige Urteile über zeitgenössische Schriftsteller und lobende über volkstümliche Erzähler des letzten Jahrhunderts wie Zschokke, Gerstäcker und die Marlitt, die Walser in der Anstaltsbibliothek vorfand.

In der Weigerung, als internierter Kranker zu dichten, bestärkt er sich durch die Meinung, der Nationalsozialismus habe das seinem Schaffen günstige gesellschaftliche Klima zerstört. Ein grundsätzlicher Schaffensverzicht wird nirgends ausgesprochen. Wenn er aber Seelig gegenüber davon schwieg, so mochte ihm dies aus Feingefühl geboten scheinen. Er wird sich gescheut haben, den Mann, der nicht bloß ihm selber große publizistische Dienste erwies, sondern auch vielen anderen Schriftstellern ein uneigennütziger Förderer war, an seiner Kulturgläubigkeit irre zu machen.

Wie immer die verschiedenen Motive, die das Verstummen des Dichters Robert Walser bewirkt haben, einzuschätzen sind, das gebrochene Verhältnis zur Literatur hat sicher mitgespielt. Walser reiht sich damit denen an, die seit der Romantik aus Gesinnungsgründen ganz oder teilweise auf literarisches Schaffen und Wirken verzichtet oder dessen Wert in Frage gestellt haben: Clemens Brentano, Conrad Ferdinand Meyer, Arthur Rimbaud, Leo Tolstoi, Franz Kafka. Mit seinem jahrzehntelangen Schweigen ist er wohl der merkwürdigste in dieser Reihe.

Basler Zeitung, 27.11.1985

Dichterprophet des eigenen Todes

»O Herr, gib jedem seinen eigenen Tod«, hat Rilke gedichtet. An Robert Walser, der seinerseits ein Gedicht auf Rilkes Tod geschrieben hat, ist dieses Gebet besonders eindrucksvoll in Erfüllung gegangen. In der Mittagsstunde des Weihnachtstages 1956 spazierte er von der Heil- und Pflegeanstalt Herisau, deren Patient er seit dreiundzwanzig Jahren war, durch verschneite Landschaft zur westlichen Kuppe des Rosenbergs hinauf. Beim Abstieg sank er, von einem Herzschlag getroffen, am Abhang um. Zwei skifahrende Bauernbuben entdeckten den Leichnam, der dann auf einem Hornschlitten in ein nahes Gebäude und später vom Leichenauto in die Anstalt gebracht wurde.

Stellen wir zunächst fest, daß dieser Tod anscheinend dementiert, was Robert Walser am Schluß des vermutlich 1899 verfaßten Dramoletts *Dichter* eines seiner Ebenbilder sagen läßt: »Wenn ich mich auflöse, will ich schreien. Es soll schaurig durch die Millionen Täler und über die Millionen Berge klingen. Die Nacht wird weinen. Die Erde wird wütender rollen, und die Menschen werden spüren, daß Dichter nicht einsam sterben.«

Walser ist, nach mehr als zwanzigjährigem literarischem Schweigen, einsam und ohne zu schreien gestorben – so, wie er es zwar nicht in den eben angeführten Worten, wohl aber an anderen Stellen seines Werkes angedeutet und angekündigt hat.

Schon in dem frühen Gedicht *Schnee* erweckt die Betrachtung des Flockengewimmels ein der Todessehnsucht verwandtes Gefühl:

»Das gibt dir, ach, eine Ruh', eine Weite,
die weißverschneite Welt macht mich schwach.

So daß erst klein, dann groß mein Sehnen
sich drängt zu Tränen in mich hinein.«

Den behaglichen, gutmütig scherzhaften Ton seiner Bieler Schaffenszeit (1913 bis 1921) hat das Prosastück *Schneien*. Es ergeht sich in vielen Variationen über das gefällige, friedliche Aussehen der weißen Welt, schließt aber sehr merkwürdig: »Warte noch ein wenig. Gleich, gleich bin ich fertig. Es fällt mir nämlich ein, daß ein Held, der sich tapfer gegen eine Übermacht wehrte, nichts von Gefangengabe wissen wollte, seine Pflicht als Krieger bis zu allerletzt erfüllte, im Schnee könnte gefallen sein. Von fleißigem Schneien wurde das Gesicht, die Hand, der arme Leib mit der blutigen Wunde, die edle Standhaftigkeit, der männliche Entschluß, die brave tapfere Seele zugedeckt. Irgendwer kann über das Grab hinwegtreten, ohne daß er etwas merkt, aber ihm, der unterm Schnee liegt, ist es wohl, er hat Ruhe, er hat Frieden, und er ist daheim. – Seine Frau steht zu Hause am Fenster und sieht das Schneien und denkt dabei: ›Wo mag er sein, und wie mag es ihm gehen? Sicher geht es ihm gut.‹ Plötzlich sieht sie ihn, sie hat eine Erscheinung. Sie geht vom Fenster weg, sitzt nieder und weint.«

Aufgrund von Walsers dichterischen Gepflogenheiten ist leicht zu erraten, daß der Held er selber ist, der seine innerlich und äußerlich gefährdete Poetenexistenz bis zum Tode oder doch bis zum endgültigen Sichbegraben in der Krankheit behauptet. Die den Untergang des Tapferen betrauernde Frau ist vermutlich die walserisch abgewandelte Muse, ein Wesen, das der Dichter in Vers und Prosa immer wieder mystifiziert, verspottet und verherrlicht hat.

Ohne heldische Gebärde – die bei Walser stets als mehr oder weniger ironisch gebrochene erscheint – wird das Thema in dem Prosastück *Eine Weihnachtsgeschichte* vorgetragen. Nachdem er einen ungemütlichen Philosophen besucht hat, fühlt sich der Dichter durch das abendliche Schneien »in ein glückliches Bürgertum und Familienleben« versetzt. Alsbald aber erinnert er sich, selber kein rechter Bürger, kein Mann »aus ganzem Schrot und Korn« zu sein, und der Schnee wird dem Außenseiter zur Todeslockung: »Wie soll ich jetzt zu mir heimzugehen wagen, wo nichts Trauliches ist? Wer sich einschneien ließe und im Schnee begraben läge und sanft verendete.« Und dann wieder, unmittelbar anschließend, das walserisch unpathetische Sichabfinden: »Hübsch ist zwar das Leben auch mit kargen Aussichten.«

Wahrscheinlich in der Berner Heilanstalt Waldau, wo er sich von 1929 bis 1933 aufhielt und literarisch noch ziemlich fleißig war, schrieb Walser das Gedicht *Schnee*, das von dem bereits erwähnten, gleichbetitelten frühen grundverschieden ist. Adolf Muschg hat es im zweiten der beiden von Katharina Kerr herausgegebenen Sammelbände *Über Robert Walser* scharfsinnig kommentiert. Scheinbar jubelnd gipfelt es in den Versen:

»Was ist der Schnee für eine Pracht!
Die Landschaft scheint nun wie gemacht,
dem Kind als Bettelein zu dienen ...«

Muschg bemerkt dazu, dieses Bild sei »auf seine eigene Schauerlichkeit, auf Kindergrab und Erfrierungstod durchsichtig geworden«, und im letzten Abschnitt des Aufsatzes lesen wir: »Sie (die Landschaft) war dafür gemacht, das er (Walser) seinen Tod in ihr fand; er hatte sie selbst, in der Spaziergänger-Prosa auch dieses Gedichts, immer dazu und dafür gemacht.« Und wie sich Walser im Prosastück *Schneien* in der Heldenrolle abbildet, so hier in der Rolle des Kindes, die in der Vielfalt seiner schauspielerischen Selbstdarstellungen wohl ebenso oft wie jene vorkommt. Trotzdem hat er es als degradierend empfunden, als ihn Thomas Mann in einem verlorenen Brief ein »kluges Kind« nannte.

Die deutlichste und ausführlichste der poetisch-prophetischen Ankündigungen seines Endes schrieb Robert Walser ein halbes Jahrhundert vor diesem, im siebenten Kapitel des in Berlin entstandenen Romans *Geschwister Tanner*. Simon Tanner, dessen Hauptperson und das Ebenbild des Verfassers, entdeckt im verschneiten Tannenwald die Leiche des unglücklichen jungen Poeten Sebastian. Er entnimmt der Rocktasche des Toten ein Heft voll handschriftlicher Gedichte und bedeckt ihn mit Tannenästen. Die Gedichte will er veröffentlichen lassen, von dem Leichenfund jedoch niemandem Anzeige erstatten. Daran und an der sonstigen Unwahrscheinlichkeit der Szene erkennen wir, daß Sebastian ein abgespaltener Doppelgänger, eine Projektion Simons ist, daß der Dichter sich mit ihm die Möglichkeit des eigenen frühen Untergangs vor Augen hält, und zwar in einem Bilde, das seinen wirklichen Tod in Herisau präfiguriert.

Man wird dem Zufall, daß ein passionierter Wanderer wie Robert Walser auf einem winterlichen Spaziergang den Herztod erleidet, einige Wahrscheinlichkeit zubilligen müssen. Man wird zudem annehmen dürfen, daß dem dichterischen Vorwegnehmen eines solchen Todes die Tendenz zu dessen Verwirklichung innewohne. Ob sich Walser selber Gedanken hierüber gemacht hat, sei dahingestellt. Jedenfalls haftet dem Geschehen vom 25. Dezember 1956 etwas Vorsehungsmäßiges, Numinoses an.

Als weltanschauliche Ergänzung der Todesdichtung sei der Schluß des 1919 erschienenen Prosastückes *Winter* angeführt:

»Kürzlich träumte mir, ich flöge über eine runde, zarte Eisfläche, die dünn und durchsichtig war wie Fensterscheiben und sich auf- und niederbog wie gläserne Wellen. Unter dem Eis wuchsen Frühlingsblumen. Wie von einem Genius gehoben, schwebte ich hin und her und war über die ungezwungene Bewegung glücklich. In der Mitte des Sees war eine Insel, auf der ein Tempel stand, der sich als Wirtshaus entpuppte. Ich ging hinein, bestellte Kaffee und Kuchen und aß und trank und rauchte hierauf eine Zigarette. Als ich wieder hinausging und die Übung fortsetzte, brach der Spiegel, und ich sank in die Tiefe zu den Blumen, die mich freundlich aufnahmen.

Wie schön ist's, daß dem Winter jedesmal der Frühling folgt.«

Walser symbolisiert da wieder einmal sein tänzerisch beschwingtes Poetenleben. Der Tempel, den er umkreist, dürfte das Heiligtum seiner Muse sein, das sich als Wirtshaus entpuppt, weil der Dichter von seiner Kunst leben muß. Weil Tempel und Wirtshaus nicht eins sein können, bricht das Eis unter dem Kunstläufer. Aber in der Todestiefe – sei es die

Tiefe des jahrzehntelangen Stummseins in der Heilanstalt oder die des wirklichen Todes – begegnet er neuem Leben. Er bekennt sich zur ewigen Erneuerung des Lebens, zum schöpferischen Urgrund der Welt.

Hier wie in den vorher erwähnten Winterbildern herrscht die Stille der Natur, und der Tod des Menschen fügt sich lautlos in sie ein. Dem scheinen die zitierten Worte aus dem Dramolett *Dichter* zu widerstreiten. Sie mögen jedoch ihre sinnbildliche Richtigkeit haben, indem sie zu verstehen geben, daß vom Tod eines Dichters, der heldenhaft seiner Sendung gelebt hat, eine unabsehbare Wirkung ausgeht. So verstanden, haben auch sie sich an ihrem Dichter bewahrheitet.

Zu den Umständen von Robert Walsers Tod dürfen wir schließlich auch zwei Jesus-Dichtungen in Beziehung setzen. Sein aus dem Jahre 1895 stammendes erstes datiertes Gedicht, *Weinenden Herzens*, redet von dem im Schnee stehenden Jesus und vergleicht in seltsamer Bildersprache den Schnee mit den Armen. Die beiden letzten Strophen lauten:

»Bisweilen kommt es dahin,
daß Jesus noch einmal lacht,
zärtlich, und mit wunderbarem Sinn
und beruhigend wie eine Nacht.
Am Morgen sind dann im Schnee
von ihm noch Fußstollen.
Er gehört den Armen, die ihm so weh
getan haben sollen.«

Eine Fortbildung von *Weinenden Herzens* ist das ungefähr zwanzig Jahre danach in Biel verfaßte Prosastück *Jesus*. Der Dichter, der sich eines späten Winterabends am Rande der

Stadt ergeht, erblickt Jesus im Schnee. »Einem Toten, einem aus dem Grab Entstiegenen, einem schrecklich und urplötzlich Auferstandenen glich er, und das mußte er doch wohl, denn Jesus, der edle, große Freund der Menschen, ist ja doch wohl schon längst gestorben, längst begraben, längst nicht mehr lebendig. Dort aber lebte er im Geisterscheine des riesig-kalten Abends, fabelhaft groß und schön ... Die Liebe stand dicht vor mir im Schnee mit wunderbarer Zärtlichkeitsgebärde und mit himmlisch-scheuen Augen, die einen schrecklichen Glanz besaßen. In die Erscheinung warf ich mein ganzes Wesen.« Dieser letzte Satz und andere Stellen lassen vermuten, es handle sich um ein rein geistiges, innerliches Erlebnis. So oder so belegt es, daß zu den großen Assoziationen, die der Schnee in Robert Walser wachrief, nicht nur der Tod, sondern auch die Auferstehung und das ewige Leben gehörten, etwas, das noch mehr war als die Regenerationskraft der Natur. So fern ihm kirchlich-dogmatisches Denken lag, die Liebe, die er in Jesus verkörpert sah, bedeutete ihm die den Tod überwindende Macht.

Badener Tagblatt, 24.12.1981

II. Robert Walser und das Christentum
Aufsätze zur Religion

Robert Walser und das Christentum

Die väterliche, in Teufen beheimatete Sippe Robert Walsers hat einige reformierte Pfarrer aufzuweisen. In einer Seitenlinie steht Gabriel Walser-Zollikofer (1695–1776), Pfarrer in Speicher und Berneck, ein ausgezeichneter Historiker und Kartograph seiner Heimat. Zu den interessantesten Köpfen der Regenerationszeit gehört der Großvater des Dichters, Johann Ulrich Walser-Hurter (1798–1866), der mit vierzig Jahren den Pfarrerberuf aufgab und im Kanton Basselland als radikaler Zeitungsmann und Politiker wirkte. Die Eltern, der Buchbindermeister und Papeteriewarenhändler Adolf Walser und die aus dem Emmental stammende Elisa Walser-Marti, scheinen am kirchlichen Leben wenig teilgenommen zu haben. Indessen zeigte sich der Knabe Robert Walser für den Religionsunterricht empfänglich. »Die Religion mit Jesus Christus war mir süß. Das war nicht widerwilliges Lernen, sondern beinahe Unterhaltung, Genuß. Mir erschien die Religion wie eine Art Roman, und die biblische Geschichte floß in mich als etwas ebenso Schönes wie Selbstverständliches.« *(Ein Poet)* »Rührend und zu manchem erhebenden, das Gemüt in Bewegung setzenden Gedanken Anlaß gebend, war für ihn und sein jugendliches Verständnis die heilige Gestalt des Sohnes Gottes. Er erklärte Jesus weniger bewußt als liebend und mitleidend und ohne ein Wort darüber zu sagen für seinen Liebling.« *(Die Kindheit)*

»Ohne ein Wort darüber zu sagen«: in solcher Scheu vor religiösem Bekennen, vor gläubig-entschiedenem und ausdrücklichem Parteinehmen überhaupt, verharrte Robert Walser lebenslang. Er hat sich über die Kirche mitunter freundlich, bejahend geäußert, sie das Gottesgewand genannt, das von Jesus unzertrennlich sei, doch nicht gesagt, welche der verschiedenen Kirchen er meine. Das Unbestimmte dieser Religionsbejahung wird vollends offenkundig, wenn er eine im Winter an sich selber vorgenommene Massage mit Religionsübung vergleicht und hinzufügt: »Religion war groß und süß, eine wie die andere, jede auf ihre Art.« *(Das erste Gedicht)* Daß er kein Kirchgänger war, mißbilligte er selber mit den Worten: »Bedürfnisse machen einen menschlichen Eindruck, und ein rechtschaffener Bürger vergißt nicht, ab und zu mal eine Predigt anzuhören; nicht, weil er sie nötig hätte, wohl aber, um sich im Rahmen einer Vereinigung blicken zu lassen, die von allergrößter historischer Bedeutung ist. Wofür litten die ersten Christen, auf deren Erlebnisse sich die Idee gründete, herrliche Gebäude aufzurichten und darin zum Lobe des Herrn zu singen, der über uns und mitten in unsern Alltäglichkeiten ist? Ich halte es für einen Verstoß, daß ich mich nicht um Gemeindangelegenheiten kümmerte.« *(Die Ruine)*

Angesichts so stechender Ironie wird der Ernst der Kirchenbejahung zweifelhaft.

Den großenteils häßlichen Charakter der Kirchengeschichte hat er gekannt. Als Poet liebte er indes das ›Althergebrachte‹ und konnte sich bei Gelegenheit über das geschichtliche Urteil hinwegsetzen oder tun als ob. Im Widerspruch zur eigenen Unkirchlichkeit legt er etwa dem unruhigen modernen Menschen nahe, »ganz einfach« in die Kirche zu gehen, wozu er mit einer Spur Zynismus bemerkt: »O bei Gott, dem Unüberwindlichen, die Kirche kann den Menschen das Furchtbare, das sie auf dem Gewissen hat, vergessen machen und ihn locken zur Unterwerfung.« *(Bedenkliches)* Den gegenteiligen Aspekt notiert er in einer Betrachtung zum Gang der Weltgeschichte: für ihn bedeute »das allmähliche Zustandekommen der christlichen Kirche weiter nichts als ein Weiterschreiten auf dem Wege der Befreiung ... « *(Der rote Faden)* Das »weiter nichts« mag heißen, daß er in der wenigstens theoretisch zur Herrschaft gelangten evangelischen Sittlichkeit etwas Befreiendes sah, neben dem das supranaturalistische Weltbild nicht weiter in Betracht fiel. Zuneigung zum Katholizismus ist bei ihm, so gern er sonst romantisiert, nicht anzutreffen. Clemens Brentanos Konversion schildert er als Abstieg in eine tiefe, kühle Gruft, wo ein maskierter Mann den Dichter schroff ersucht, ihm zu folgen: »›Du willst ein Dichter der katholischen Kirche werden? Hier durch geht es.‹ So spricht die düstere Gestalt. Und von da an weiß man nichts mehr von Brentano.« *(Brentano, im Band Aufsätze)*

Die kritischen Bemerkungen zum Religionswesen haben doch wohl größeres Gewicht als die anderen. Der dem Autor gleichzusetzende Simon in *Geschwister Tanner* meint: »Vielleicht ist die Religion bei vielen heutigen Menschen nur noch so halbe, oberflächliche und unbewußte Geschmackssache, eine Art Interesse und Gewohnheit, wenigstens bei den Männern.« Zwar scheint dann der gleiche Simon auch kleinbürgerlich schwärmen zu können: »... ein protestantischer Pfarrer in schneeweißen Haaren, mit mildem, geduldigem Lächeln und edlem Gang, wenn er durch einsame Waldlichtungen schreitet, ist und bleibt etwas Schönes« – aber hinter dem milden Lächeln des Pfarrers gewahren wir das ironische des Dichters. Ernster ist wohl die Ansicht gemeint, in der Stadt sei die Religion weniger schön als auf dem Land, wo »man den Gottesglauben als dasselbe wie ein blühendes Kornfeld« empfinde. Ohne Interesse für Glaubensinhalte, bekennt sich Simon schließlich zu einer Weltfrömmigkeit, die mit den kirchlichen Formen des Christentums kaum noch etwas gemein hat: »Religion ist nach meiner Erfahrung Liebe zum Leben, inniges Hangen an der Erde, Freude am Moment, Vertrauen in die Schönheit, Glauben an die Menschen, Sorglosigkeit beim Gelage mit Freunden, Lust zum Sinnen und das Gefühl der Verantwortungslosigkeit in Unglücksfällen, Lächeln beim Tode und Mut in jeder Art Unternehmungen, die das Leben bietet. Zuletzt ist tiefer, menschlicher Anstand unsere Religion geworden.« An Gott wird nicht ausdrücklich gezweifelt, hingegen am Wert der menschlichen Gottesverehrung: »Ob ihm die Predigten und die Orgeltöne recht angenehm sind, ihm, dem Unaussprechlichen? Nun, er wird eben lächeln zu unsern immer noch so finsteren Bemühungen, und er wird hoffen, daß es uns eines Tages einfällt, ihn ein wenig mehr in Ruhe zu lassen.« Und Jakob von Gunten, die Titelfigur von Walsers geheimnisvollstem Roman, sagt zu einem Pfarrer: »Religion, sehen Sie, taugt heute nichts mehr. Der Schlaf ist religiöser als all Ihre Religion. Wenn man schläft, ist man Gott vielleicht noch am nächsten.« (Walsers Dialektik von Wachsein und Schlaf ist von Jochen Greven in seiner Dissertation über *Existenz, Welt und reines Sein im Werk Robert Walsers*, Köln 1960, untersucht worden.)

Sinnbildlich bekundet sich die Zurückhaltung gegenüber dem öffentlichen Religionswesen in der Geschichte von Schwendimann, von dem der Dichter feststellt: »Er suchte nicht viel, aber er suchte etwas Rechtes.« Nacheinander kommt Schwendimann vor das Rathaus, das Armenhaus, das Spritzenhaus, das Pfandhaus, das Badhaus, das Schulhaus usw. Vor jedem dieser Häuser erklärt er kurz, weshalb er nicht eintreten wolle, nur beim Gotteshaus heißt es, daß er *wortlos* weiterging, was agnostizistischem Denken entspricht. Das rechte Haus, in das er spät abends nach beschwerlicher Wanderung gelangt, ist das Totenhaus.

Möglich bleibt eine Anbetung, wie sie Jakob von Gunten umschreibt: »Das Gute, Reine und Hohe, irgend, irgendwo versteckt in Nebeln zu wissen und es leise, ganz, ganz still zu verehren und anzubeten, mit gleichsam total kühler und schattenhafter Inbrunst: daran bin ich gewöhnt.« Was in *Geschwister Tanner* eine liebende Frau sagt, erinnert an gewisse nach Ketzerei oder gar nach Nihilismus riechende Kühnheiten der Mystiker: »Mag Gott immer sein, wo er sein mag, im Wald ahnt man ihn und gibt ihm das bißchen Glauben mit stillem Entzücken hin. Gott will nicht, daß man so sehr an ihn glaubt, er will, daß man ihn vergißt, es freut ihn sogar, wenn er geschmäht wird; denn er ist über alle Begriffe gütig und groß; Gott ist das Nachgiebigste, was es im Weltraum gibt. Er besteht auf nichts, will nichts, bedarf nichts. Etwas wollen, das mag für uns Menschen sein, aber für ihn ist das nichts. Für ihn ist nichts … Das ist das Einzige an unserem Gott, daß er nur dann Gott sein will, wenn es uns gefällt, ihn als unseren Gott zu erhöhen.« Im spielerischen »wenn es uns gefällt« kommt auch da der Ironiker zum Vorschein. Sozusagen am Gegenpol dieser Gottesidee steht die grausige eschatologische Phantasie *Welt*, wo Gott angesichts eines außer Rand und Band geratenen Menschentreibens in einem Nu den Weltuntergang vollzieht, um dann »aus Gram über seine eigene Zerstörungswut« sich selber aufzulösen, »so daß dem Nichts nicht einmal mehr der es bestimmende, färbende Charakter blieb.« Der Gegensatz der beiden Gottesideen geht auf Analoges im Dichter selber zurück: »Viele meinen, ich sei ein Lamm, dann ist's plötzlich ganz anders.« *(Nachricht Nummer zwei)*

Vom Jenseits erfahren wir bei Robert Walser ebensowenig Bestimmtes wie von Gott. Die im Tode zu erhoffende Erlösungsmacht wird den in *Zwei Männer* geschilderten ungleichen Geistesmenschen in der Wortgestalt eines vagen Neutrums verheißen: »Ein und dasselbe Zwingende wird Druck auf sie ausüben, bis ein gleiches Befreiendes aus lichtem Himmel niederdringen und beide aus wirrer Bemühungen Knechtschaft milde erlösen wird.«

Von Jesus hat Walser stets mit der schon dem Knaben selbstverständlich gewordenen Ehrfurcht gesprochen, jedoch nicht in der üblichen Erbauungssprache. Eigensinnig hat er den in einem Jugendgedicht hingesetzten Reim »Jesus / Kuß« in allen drei Drucken der *Gedichte* stehen lassen, obschon ihn Joseph Viktor Widmann unmöglich gefunden hatte. Ebenso eigensinnig, zumal in der Sprachform, sind die dem Stifter des Christentums gewidmeten Deutungsversuche insgesamt. Was er in dem Aufsatz *Etwas über Jesus* sagt, ist für den orthodoxen Christologen bedingungsweise annehmbar, indem es den Gefühlseindruck der Göttlichkeit bezeugt. Wenn er sich hier für fähig erklärt, gleichzeitig zu scherzen und ernsthaft zu sein, so ist daraus nicht auf Unernst in seinem Zeugnis für Jesus zu schließen, dieses aber auch nicht als dogmatisch fixiertes zu verstehen; die anderwärts vorkommende Behauptung, daß »man sich durch nichts gehindert sieht«, an das biblische Paradies zu glauben *(Der rote Faden)*, mahnt zu vorsichtiger Interpretation. Neben Bezeugungen des numinosen Eindrucks verfährt Walser mit Jesus oft nicht viel anders als mit jenen Dichtern und Künstlern, die er aus dem Gefühl der Wahlverwandtschaft darstellt, etwa Büchner, Brentano, Beardsley: er legt Eigenes in ihn hinein.

Sowohl an Jesus wie an sich selber vermerkt Walser das Vergnügen, gelegentlich zu spotten. Ohne Einwand erwähnt er die Äußerung seiner Mutter, Jesus habe kein Herz besessen, und analog heißt es in einer seiner vielen Selbstdarstellungen: »... den Menschen, die sich mit ihm abgaben, flößte er den erkältenden Eindruck ein, er sei herzlos.« *(Ein Weltmann)* Anderswo stellt er Jesus als Eingeschüchterten, Verlegenen, Stammelnden den Sicheren und Redegewandten gegenüber *(Studie)*, wofür die Evangelien keinen Anhaltspunkt bieten, und ebenso hat er sich selber immer wieder in solchem Verhältnis zur ›Welt‹ gesehen, obwohl auch er, besonders im Werk und in damit zusammenhängenden Angelegenheiten, ein sehr selbstsicheres Gehaben zeigen konnte. Besser entspricht es dem biblischen und kirchlichen Jesusbild, wenn er den Nazarener zum reichen Jüngling sagen läßt: »Ich soll und will nicht wissen, was ich will. Gott will mit mir etwas. Er befiehlt mir; ich gehöre ihm.« *(Der reiche Jüngling)* Ein Nichtwissen des Gottessohnes hat zwar keine kirchliche Approbation, um so mehr sein Sohnesgehorsam. Indessen fehlt auch da die Analogie zum Verfasser nicht, denn ähnlich hat Walser den eigenen Gehorsam gegenüber der ›Geliebten‹, der Poesie, bezeugt – hierin dem sonst eher antipodischen Spitteler nahe. Die Worte »Ich bemühe mich um nichts«, die Jesus an gleicher Stelle spricht, sind wieder vorwiegend Selbstdeutung des Dichters oder, besser gesagt, Ausdruck der ihm vorschwebenden wünschenswerten Geistesverfassung, für Jesus aber kaum zutreffend.

Objektivierend und zugleich relativierend verfährt Walser in einem Vergleich zwischen Lenin und Christus: »Christus war es um Ausbilden des Seelenlebens, dem andern um Ausbauen des Gesellschaftslebens zu tun, um Gleichstellung aller in diesem Irdischen. Welcher von beiden schöpfte aus besserer Quelle?« Er beantwortet die für einen Christen vorentschiedene Frage nicht, hat er doch schon vorher gestanden: »Wenn ich über großragende Persönlichkeiten schöngeistere, verliere ich leicht die innere Sicherheit, was ich an mir lobe.« *(Eine Ohrfeige und Sonstiges)*

Die »ganz unbändige Liebe zur Freiheit und Unabhängigkeit«, die Hermann Hesse an Walser gerühmt hat, verwehrte diesem nicht bloß den Anschluß an offizielle Denk- und Glaubensweisen, sondern auch die engagierte, kämpferische Kritik an solchen; sie hätte ihn im freien Dichtertum, seiner eigentlichen Sendung, zu sehr gestört. Seine Religiosität bestand in der Wahrhaftigkeit eines gewissermaßen objektlosen, in sich selber ruhenden Glaubens, einer Sinnbejahung aus dem Willen zur seelischen Gesundheit. »Das ganze weite Leben, ich meine, wenn dieses große Leben wirklich Leben sein will, so sammelt es sich zu einem bißchen Glauben an. Man wird plötzlich still, nicht wegen des Stillseins an sich, sondern weil man an etwas glaubt und einen dieses Anetwasglauben glücklich macht.« *(Brief an ein Mitglied der Gesellschaft)*

Wäre hier noch zu fragen erlaubt, was dieses Etwas sei, so wird dessen Unerheblichkeit oder Unbestimmbarkeit deutlich in den paar Worten, die man paradoxerweise das Credo Robert Walsers nennen könnte: »Woran ich glaube? ich weiß es nicht. Ich weiß nur, daß mir viel fehlt, wenn ich nicht gläubig bin.« *(Der Proletarier)*

Für den clownesken Zug, der sein Werk und teilweise sein Leben kennzeichnet, hat er eine religiös empfundene Rechtfertigung: »Menschen gibt's, die ihr schönstes Sehnen für eine Art von Vergnügen halten, während sich andere diesbezüglich zu wichtig, sich gleichsam zu wenig vor dem Heiligtum in acht nehmen, das die, die mit ihm scherzen, nie betreten, worin ich den Ernst der Scherzenden sehen zu können meine.« *(Ein dummer Junge)*

Wie zum christlichen Glaubensinhalt, so verhält sich Robert Walser auch zur christlichen Ethik auf Dichterart widerspruchsvoll. »Leiden«, bekennt er in der Skizze *Ein junger Mensch*, »schien mir süß und Sterben himmlisch; es war wohl viel vom Christen in mir, obgleich ich nie daran dachte.« Die dem Leiden – oder bestimmten Arten von Leiden – zu verdankende Steigerung des Lebensgefühls wird in der *Naturstudie* bewußt gemacht: »Sind nicht weinende Augen schöner als trockene und tränenlose? Ist nicht die Freude, die noch den Glanz erlebten Schmerzes sehen läßt, freudiger als jede andere Freude? Ist nicht das vom vorübergegangenen Unglück noch durchdrungene Glück reiner und schöner, reicher und höher als das nie vom Mißgeschick geplagte und heimgesuchte?...« Derartige Worte sind bei Robert Walser zahlreich, und manche könnten in einer christlichen Lebenslehre stehen. Die Leidensbereitschaft erprobte er zumeist im hochgemuten Ertragen der Armut. Er war zeitlebens arm und bekannte sich zur Armut. Carl Seelig, der in den Krankheitsjahren sein Freund und Vormund wurde und ihn durch editorischen, propagandistischen und fürsorgerischen Einsatz vor dem Armenhaus bewahrte, hat einer Aphorismenauswahl aus Walsers Dichtungen den Titel geben können: *Vom Glück des Unglücks und der Armut*. Pfarrer Ernst Hubacher, der wie sein Bruder, Bildhauer Hermann Hubacher, für Walser eine verständnisvolle Zuneigung hegte, bemerkt zu seiner Armutsliebe: »Man könnte das franziskanisch nennen, aber es war daran nichts Mittelalterliches, vielmehr war in dem allem ein moderner Zug, weil er ja mit sich selber experimentierte.« Von anderer Seite ist dem Dichter vorgeworfen worden, er kokettiere mit der Armut. Das dichtermäßige Experimentieren und das Kokettieren hängen wohl miteinander zusammen, beides gehörte zu seinem wesentlich autobiographischen Dichtertum und schließt, wenn man nicht auf Unbedingtheiten besteht, die christliche Armutsidee nicht aus. Das in der Bergpredigt empfohlene Nichtsorgen war jedenfalls eine auszeichnende Stärke Robert Walsers, die er von seinem Vater, einem wenig erfolgreichen Bieler Kaufmann, teils ererbt und teils gelernt hat. Der Vergleich mit der Mönchsarmut fällt eher zu seinen Gunsten aus, da er ein armer Einzelgänger und nicht durch einen Gemeinschaftsbesitz gesichert war. Auch hat er zu Lebzeiten keinen so großen literarischen Ruhm erlangt, daß dieser ihm einen sicheren Kredit verschafft oder einen baldigen wirtschaftlichen Erfolg wahrscheinlich gemacht hätte.

Aktiviert erscheint das Christliche in seiner »Dieneridee«, die er mehrfach in die Tat umgesetzt hat. Schon in den Zürcher Jahren (1896–1905) war er, zwischen häufig wechselnden Commisstellungen, eine Zeitlang Diener bei einer jüdischen Dame. In Berlin besuchte er um 1905 einen Dienerkurs und war dann während einiger Monate Lakai auf Schloß Dambrau in Oberschlesien. »Wenn der Ritter von der traurigen Gestalt seine verrückte Ritteridee wahrmachte, so mache ich meinerseits meine Dieneridee wahr, die ohne Zweifel mindestens ebenso verrückt, wenn nicht gar noch um einige Grade verrückter ist als jene.« So läßt er in der autobiographischen Erzählung *Tobold* den auf diesen Namen hörenden Lakaien sprechen. Am maßgebenden sittlichen Antrieb zum Dienertum ist nicht zu zweifeln, wenn Tobold frohlockt: »Ich diente! Ich tat Dienst! Folglich durfte meine Lage gut sein, und meine Person war damit in Ordnung. Ist uns nicht erst dann eigentlich das Leben schön, sobald wir gelernt haben, ohne Anspruch zu sein, individuelles Wünschen, Begehren zu vergessen oder hintanzustellen, dafür uns aber recht aus der befreiten, Gutwilligkeit erfüllten Brust heraus an ein Gebot, an einen festen Dienst hinzugeben, Menschen mit unserer Aufführung zufrieden zu stellen, sanft und kühn auf die Schönheit zu verzichten? Denn wo ich auf eine Schönheit verzichte: fliegt mir da zum Lohn für den bewiesenen guten Willen und für die freundliche und lebhaft empfundene Entsagung nicht eine gänzlich neue, niemals vorher geahnte und tausendmal schönere Schönheit entgegen? Und wo ich aus freiem Willen, vom Mute und vom Mitleid in höhere Gesinnungen emporgetragen, auf den Himmel verzichte: fliege ich da nicht früher oder später zum Lohn für rechtschaffenes Verhalten in einen vielmal schöneren Himmel?« In *Jakob von Gunten*, der eine geheimnisvoll wunderliche Dienerschule schildert, reflektiert der Titelheld ausgiebig über den unscheinbarsten seiner Mitschüler, Kraus, und die Quintessenz davon lautet: »Kraus ist ein echtes Gottwerk, ein Nichts, ein Diener.« Die von Cusanus dem Schöpfer zugeschriebene *Coincidentia oppositorum* erscheint hier im Geschöpf: Der vollkommene Diener ist zugleich ein »Gottwerk« und ein »Nichts«.

Die erwähnten Dienerepisoden und dienermäßigen Verrichtungen während der Aufenthalte bei Lisa, der älteren Schwester, in Täuffelen *(Geschwister Tanner)* und als Angestellter in Wädenswil *(Der Gehülfe)* mögen noch vorwiegend Experiment gewesen sein. Den nachhaltigen Ernst der »Dieneridee« bewies Walser in den langen Jahren seiner

Krankheit, besonders in der Heilanstalt Herisau, wo er täglich bei der Zimmerreinigung half, Papiersäcke verfertigte, Schnüre sortierte und andere untergeordnete Arbeit verrichtete. Als ihn Carl Seelig ein paarmal an einem Werktag zum Wandern abholte, wurde er unmutig, weil er gegenüber den mit gleicher Arbeit beschäftigten Mitpatienten nicht bevorrechtet scheinen wollte.

Gleichwohl kann das Ethos Robert Walsers nicht als eindeutig christlich gelten. »Gott liebt die Glücklichen, er haßt die Traurigen«, sagt Simon Tanner. Der »herzstockende, sprengende Glückswille«, der nach Walter Benjamin das Dichten Marcel Prousts durchdringt, lebt, zusammen mit der Leidensbereitschaft, auch in Walser. Er ist bei ihm vornehmlich der »Glückswille« des von Sorgen unbeschwerten armen »Taugenichts«. Die vertrauensinnige Sorglosigkeit mutet christlich an, aber der »Glückswille« gibt sich freimütiger, naturhafter als beim Kirchenchristen. Er erstreckt sich, neben allem Seelischen und Geistigen, unbefangen auf sinnenhaftes Genießen, womit Walser dem heidnischen (antiken) Menschentum näher ist als dem christlichen. Eine Art Dankbarkeit für das Dasein trägt ihn im Leben und im Dichten, aber die Reflexion auf Gott ist selten. Im erotischen Bereich hat er übrigens die dichterische Phantasiewelt der sinnlichen Wirklichkeit vorgezogen. Eine eigentliche Liebesbeziehung, eine verbindliche Werbung um eine Frau kommt in seinem Leben nicht vor. Die eudämonistische Komponente seiner Sittlichkeit läßt ihn gelegentlich Utopien entwerfen, die er, im Unterschied zum herkömmlichen Utopismus, nicht durch ideale Einrichtungen, sondern unmittelbar durch Äußerungen wahrer Menschenbildung charakterisiert: »Keine Könige und keine Kaiser hat es dort, wo der gesunde Mensch wohnt, je gegeben. Die Frau herrscht dort nicht über den Mann, der Mann aber ebensowenig über die Frau. Es herrscht niemand, außer jedermann über sich selber. Alles dient dort allem, und der Sinn der Welt geht deutlich dahin, den Schmerz zu beseitigen. Niemand will genießen; die Folge ist, daß es alle tun.« *(Phantasieren)* Während der Kirchenchrist das diesseitige Übel für das unabänderliche Korrelat der Sünde hält, sagt Walser suggestiv: »Daß doch alle Menschen glücklich wären. Daß es keinen Unglücklichen gäbe. Daß die Welt frei sei. Daß das Leben gut sei.« *(Die Arbeiter)*

Doch ist auf Walsers Paradiesbeschwörung kein unbedingter Verlaß. Wenn Jesus die Feindesliebe gebietet und auf den himmlischen Vater hinweist, der seine Sonne über Böse und Gute aufgehen lasse *(Matth.* 5,45), so getraut sich Walser, nicht nur *den* Bösen, sondern auch *das* Böse zu lieben: »Er liebte vielleicht neben dem Redlichen und Guten auch das Böse; neben dem Schönen auch das Unschöne. Bös und gut, schön und häßlich schienen ihm unzertrennlich.« *(Der Arbeiter,* in *Poetenleben)* Und nicht bloß als komplementäres Nebeneinander, sondern auch als ineinander übergehende Erscheinungen eines unausdeutbaren Lebensgrundes meint er Gut und Böse zu erkennen, was eine Abkehr vom psychologisch fragwürdigen Schafe-und-Böcke-Schema der Evangelien bedeutet: »... ich habe mir die recht seltsame Einsicht angeeignet, daß Gutes ungut, Freies unfrei, Liebliches tadelnswert, Gerechtes ungerecht, Lustiges melancholisch wird. In jeder Art Zwang liegt etwas viel Erlösenderes als in jeder Art Erlöserei ... « *(Zigarette)* Das Recht einer gewissen Härte hat Walser noch in der Krankheit verfochten, etwa indem er die Bombardierung deutscher Städte im Zweiten Weltkrieg für gerechtfertigt erklärte: »Wer so bedroht sei wie die Briten, müsse sich auf die schonungsloseste Realpolitik besinnen ... da müsse sich sogar das Christentum mit einer sekundären Rolle begnügen.« (Carl Seelig, *Wanderungen mit Robert Walser*) Eine Übermenschenmoral, ein doktrinärer Kult des Starken und allenfalls Bösen, Grausamen war freilich die Sache Walsers nicht. Davor und vor extremen Standpunkten überhaupt bewahrte ihn sein fundamental gesunder Menschenverstand in Verbindung mit schweizerischer Nüchternheit.

Bemerkenswert ist die Abwesenheit des Sündenbegriffs, namentlich des persönlichen Sünderbewußtseins. Da Robert Walser es verschmähte, über die Jenseitsfrage zu grübeln, hatte er auch keinen Anlaß, sich um das ewige Seelenheil zu sorgen. Wohl findet sich bei ihm viel Selbstkritisches, doch hat es meist einen nachsichtig-humoristischen Ton. Seine Grundstimmung ist »eine gewisse offenkundige Beliebtheit meines Ichs bei diesem selben Ich« *(Brief an ein Mitglied der Gesellschaft)* oder, wie ein spätes Gedicht, *Harmonie*, es benennt, das »Sichselbstwillkommensein«. Mit dem eigenen gesellschaftlichen Verhalten hat er zuweilen den Anschein des Egoismus und der Härte erweckt, aber dies geschah zum Schutz der dichterischen Sendung oder war neurotischer Ausdruck der schicksalhaften inneren Einsamkeit. Einmal lehnt er es ausdrücklich ab, sich des Egoismus schuldig zu erachten, rühmt sich hingegen eines unverwüstlichen Selbstgefühls: »Religiös war ich insofern stets, als ich noch keinen einzigen Tag lang ohne Glauben an mich geblieben bin. Man kann Gott nicht mit Kopfhängen gefällig sein.« *(Fidelio)* In einigen späten, als Selbstbildnisse erkennbaren Prosastücken verrät sich ein messianisch getöntes Selbstbewußtsein, das indessen eher auf Verborgenheit als auf Kundgebung bedacht ist. So spricht er von dem »Vaterlandslosen, den ich so nenne, weil er das Schicksal des Vaterlandes, so weit er dies vermochte, leitete ...« *(Der Diamant)* Fühlte sich Füsilier Walser, den die Offiziere »en fuule Chaib« titulierten, als heimlicher Schutzgeist des Landes? Man darf vielleicht sagen, er habe die Nachfolge Christi fast mehr in der Bewährung der Selbstgewißheit als in der Übung der christlichen Normaltugenden angestrebt. Walser, der keinen prophetischen Anspruch erhob, vermochte Selbstgewißheit und Selbsterkenntnis miteinander zu versöhnen. Eine nüchterne Einschätzung des Menschen im allgemeinen und der eigenen Kräfte im besondern schützte ihn gegen die Gefahr des Größenwahns, ließ ihn überhaupt der Idee der Größe mißtrauen. Das in Menschenaugen Große, von Jesus ein Greuel vor Gott genannt (*Lukas* 16,15), wird von Walser aus erfahrungsmäßiger Einsicht, ohne religiösen Nachdruck, für nichtig erklärt: »Und daß sich keiner unter uns allen auch nur um eines Fingerhuts Größe groß vorkomme. Nieder mit uns allen in das Gefühl der Belanglosigkeit. Berühmter Mann, nieder mit dir! Berühmte Frau, nieder mit dir!« *(Notizen)*

Die Krankheit, die ihn nach dem fünfzigsten Jahr befiel, war ein schwer zu deutendes, durch die ungünstigen Lebensumstände mitverursachtes Seelenleiden – Angstgefühle und Stimmenhören – bei sonst ungetrübter Verstandestätigkeit. Die dauernde Unlust zu literarischem Schaffen, die nach den ersten Krankheitsjahren eintrat, war nur teilweise krankhafter Natur. Unbeschadet der eigenen künstlerischen Anstrengung, sozusagen in dialektischer Spannung zu ihr, hat Robert Walser in allen Phasen seines Schaffens die Kultur, insbesondere die Literatur, ironisch und kritisch betrachtet. Schon in *Geschwister Tanner*, seinem zweiten Buch (1907), schreibt er: »Gewiß: jeder denkende Kopf ist wichtig und jede Frage kostbar, aber es dürfte anständiger und für die Köpfe ehrender sein, zuerst Lebensfragen zu erledigen, bevor die zierlichen Kunstfragen erledigt werden. Nun sind aber allerdings Kunstfragen bisweilen auch Lebensfragen, aber Lebensfragen sind in noch weit höherem und edlerem Sinne Kunstfragen.« Walser bezeugt damit, unbeschadet der im zweiten Satz vollzogenen Verbindung der Pole, den Vorrang des Ethischen vor dem Ästhetischen – wiederum eine Anlehnung an christliches Denken, die bei einem so innigen Verehrer und Bildner des Schönen nicht selbstverständlich ist. Manche Nachlässigkeiten und Bizarrerien seiner späten Prosa sind eher als Ausdruck zunehmender Verachtung des ästhetisierenden Kulturbetriebs denn als Anzeichen schwindender Gestaltungskraft zu deuten. Mindestens teilweise war die dann eingetretene Unlust zum Schaffen folgerichtiger Schaffens*verzicht* – Abwendung vom literarischen Wettbewerb.

Im ganzen ist bei Robert Walser eine Zurückbildung des christlichen Glaubensinhalts oder eine Existenzialisierung des Glaubens und eine Fort- oder Umbildung der christlichen Sittlichkeit festzustellen. Manches erinnert an die Lehre des Laotse, obschon er sie wahrscheinlich nicht gekannt hat. Wie Laotse wirkt er auf Empfängliche als geistiger Befreier und bleibt als Persönlichkeit rätselhaft. »Niemand«, heißt es in dem Prosastück *Das Kind*, »ist berechtigt, sich mir gegenüber so zu benehmen, als kennte er mich.« Dies sagt der Schriftsteller, dessen Werk zum größten Teil Selbstdarstellung und hierin freilich vom Werk des Laotse verschieden ist. Robert Walser zeigte, wie man in wahrhaftiger Selbstbetrachtung selbstgewiß und ohne fixierten Glauben gläubig bleiben kann. Er hat dadurch sowohl dem Nihilismus wie dem Aberglauben aller Geistesstufen entgegengewirkt.

Neue Zürcher Zeitung, 25.12.1966

Robert Walsers Religion

In *Geschwister Tanner* sinniert der mit dem Dichter gesinnungsmäßig gleichzusetzende Simon Tanner:

»Religion ist nach meiner Erfahrung Liebe zum Leben, inniges Hangen an der Erde, Freude am Moment, Vertrauen in die Schönheit, Glauben an die Menschen, Sorglosigkeit beim Gelage mit Freunden, Lust zum Sinnen und das Gefühl der Verantwortungslosigkeit in Unglücksfällen, Lächeln beim Tode und Mut in jeder Art Unternehmungen, die das Leben bietet. Zuletzt ist tiefer menschlicher Anstand unsere Religion geworden.« (*Gesamtwerk* IV, 264)

Aber das ist nach gängigen Begriffen nicht Religion, sondern Ethik und nicht einmal diejenige Ethik, der sich der immerhin konfirmierte und meines Wissens nie aus der reformierten Kirche ausgetretene Robert Walser hätte verpflichtet fühlen müssen. »Liebe zum Leben, inniges Hangen an der Erde, Freude am Moment«: das verträgt sich wenig mit der christlichen Forderung der Weltüberwindung, des Kreuztragens in der Nachfolge Christi. Nicht besser verträgt sich »Vertrauen in die Schönheit« mit christlicher Betrachtung der Vergänglichkeit des Irdischen. Von generellem »Glauben an die Menschen« mahnt alles ab, was Jesus über »diese Welt« und Paulus über die Macht der Sünde gesagt haben. Nichtsorgen für den kommenden Tag ist zwar ein Gebot der Bergpredigt, aber zu sorglosen Gelagen mit Freunden ermuntert das Neue Testament nirgends. Die »Lust zum Sinnen« wird durch das christliche Gebot des Glaubensgehorsams eher gehemmt als gefördert. Befremdlich für Christenohren tönt auch das Wort »Verantwortungslosigkeit«, und »Lächeln beim Tode« erweckt den Argwohn, man nehme das auf den Tod folgende Gericht Gottes nicht ernst. In einer dem Bösen verfallenen Welt »Mut in jeder Art Unternehmungen« zu beweisen, kann ebenfalls nicht Christensache sein.

»Anstand« ist ein in der Bibel fehlender Begriff. Theologen haben zwar einiges in ihr als Anstandsforderung gedeutet, den Anstand aber kaum je zu den spezifisch christlichen Tugenden gerechnet, geschweige denn ihn mit Religion förmlich identifiziert. Freilich redet Walser von *tiefem* Anstand, meint also nicht bloß den von den konventionellen Anstandsregeln gebotenen, sondern einen aus rechter Gesinnung kommenden. Genauer hat er sein Anstandsideal in dem vor *Geschwister Tanner* entstandenen Prosastück *Seltsame Stadt* (*Gesamtwerk* I, 133 ff.) umschrieben. Unter anderem entwirft er darin das Bild einer sublimierten Erotik: Männer gehen genießerisch, doch ohne Gier hinter reizenden Frauen her. In der »seltsamen Stadt« gibt es keinen »sogenannten Pöbel«, jedoch, was besonders seltsam klingt, auch keine »sogenannten höheren Dinge«. Es bekunden sich da, im Einklang mit Simon Tanners Gedanken, genuine Diesseitsfreudigkeit und Lustfreundlichkeit, die dem Christentum fremd sind.

Dennoch wäre es falsch, von einer entschieden nichtchristlichen oder gar widerchristlichen Moral Robert Walsers zu sprechen. In der Skizze *Aus meiner Jugend* (VI, 276 ff.) bemerkt er, es sei unbewußt wohl viel vom Christen in ihm gewesen, weil Leiden ihn süß gedünkt habe. In *Jakob von*

Gunten und anderswo bekennt er sich zu einer ebenfalls dem christlichen Ethos verwandten »Dieneridee«. Gewiß haben wir dabei die immer mitspielende Ironie zu berücksichtigen, die alles pathetische und sich endgültig festlegende Bekennen ausschließt. Ausgeschlossen ist solches aber auch bei den scheinbar entgegengesetzten, weltfreundlichen Äußerungen. Und dort wie hier verbirgt sich wiederum Ernst hinter der Ironie.

Trotz des tiefgedachten Anstandsbegriffs wäre der religiöse Charakter der Ethik Simon Tanners zu bezweifeln, wenn der anschließende Gedankengang nicht ausdrücklich und positiv von Gott handelte:

»Wenn die Menschen voreinander den Anstand bewahren, bewahren sie ihn auch vor Gott. Was will Gott mehr wollen? Das Herz und die feinere Empfindung können zusammen einen Anstand hervorbringen, der Gott wohlgefälliger sein dürfte, als finsterer, fanatischer Glaube, der den Himmlischen selbst beirren muß, so daß er am Ende noch wünschen wird, keine Gebete mehr zu seinen Wolken hinaufdonnern zu hören. Was kann ihm unser Gebet sein, wenn es derart anmaßlich und plump zu ihm hinaufdringt, als ob er schwerhörig wäre? Muß man ihn sich nicht mit den allerfeinsten Ohren vorstellen, wenn man ihn überhaupt denken kann? Ob ihm die Predigten und Orgeltöne recht angenehm sind, ihm, dem Unaussprechlichen? Nun, er wird eben lächeln zu unsern immer noch so finsteren Bemühungen und er wird hoffen, daß es uns eines Tages einfällt, ihn ein wenig mehr in Ruhe zu lassen.« (IV, 264f.)

Ist hier vom christlichen Gott die Rede? Dagegen spricht schon, daß Walser das rechte Verhältnis zu Gott aus dem rechten mitmenschlichen Verhalten hervorgehen läßt. Dem Christen gilt umgekehrt der rechte Gottesglaube als Voraussetzung der rechten Sittlichkeit. Sodann ist das schon Gesagte zu ergänzen und zu bekräftigen: dem christlichen Gott genügt eine Ethik des Anstands nicht, er will vom Menschen nicht, was menschlich, sondern was göttlich ist (*Matth.* 16,23). Ein göttlich sanktioniertes Anstandsideal erlangte außerhalb des Christentums und vor ihm, nämlich in China, Geltung: die Lehre des Kung-tse. Im Abendland konnte ein solches erst im Zeitalter der Aufklärung einigen Boden gewinnen, hauptsächlich durch Voltaire, der in Übereinstimmung mit Kung-tse erklärte: »Die einzige Religion, zu der man sich bekennen sollte, ist die, Gott zu verehren und ein anständiger Mensch zu sein.« (*Wichtige Untersuchung von Mylord Bolingbroke oder das Grabmal des Fanatismus*) Das ist auch die Religion Robert Walsers, der übrigens in einem Seitenstück zu *Seltsame Stadt* ein idealisches »Liebes- und Friedensland« China erdichtet hat (*Träumen*, VII,77ff.). Von dem chinesischen Weisheitslehrer unterscheidet er sich durch die scheinbare Unverbindlichkeit des Dichterworts und die moderne Ironie. Das Dichtertum bedeutet auch Verzicht auf das, was dem Aufklärer des achtzehnten Jahrhunderts vor allem wichtig war, auf kämpferische Religionskritik. In den Überlegungen, die dem zitierten ›Credo‹ vorausgehen (IV,263f.), werden zeitbedingte Erscheinungsformen des Christentums, nicht dessen Glaubensinhalte kritisiert. Der Blick auf einen protestantischen Pfarrer »in schneeweißen Haaren, mit mildem, geduldigem Lächeln und edlem Gang, wenn er durch einsame Waldlichtungen schreitet«, läßt bei flüchtigem Lesen nicht erkennen, wie abgründig-ironisch er funkelt. Hart und unheimlich tönt in *Brentano* (I,324) der Vergleich der katholischen Kirche mit einer Höhle. Aber da er nur als Moment der Erzählung erscheint und eine entsprechende unmittelbare Charakteristik der Kirche fehlt, bleibt seine kritische Energie gleichsam nur eine potentielle.

Den offenen Bruch mit dem kirchlichen Christentum vermied Robert Walser schon deshalb, weil er der Ansicht war, man müsse sich Jesus gegenüber »mit stärkerer oder gelinderer Gebärde anbetend betragen« (*Etwas über Jesus*, IX, 242). Im Unterschied zu Voltaire verwirft er das dogmatische Fundament der Kirchen, den Glaubenssatz von der Gottheit Jesu, nicht unbedingt. Um so voltairischer ist die Mißbilligung »finsteren, fanatischen Glaubens«, und da er »Predigten und Orgeltöne« für zweifelhaften Gottesdienst hält, so ist ihm, trotz der anbetenden ›Gebärde‹ Jesus gegenüber, die Kirchlichkeit jedenfalls fragwürdig.

Gott selber scheint, wiederum in Übereinstimmung mit dem Deisten Voltaire, nicht in Frage gestellt zu sein. Ein merkwürdiges Licht fällt aber auf Walsers Gottesglauben von den Gedankengängen der mit Simon Tanner befreundeten, ihm gesinnungsverwandten Klara Agappaia her: »... Gott ist das Nachgiebigste was es im Weltraum gibt. Er besteht auf nichts, will nichts, bedarf nichts. Etwas wollen, das mag für uns Menschen sein, aber für ihn ist das nichts. Für ihn ist nichts.« (IV, 96) Ein Gott, der nichts will? Das steht noch querer zum Christentum als Simons Ideen. Das Alte und das Neue Testament und alle Ausleger der Bibel reden vom Willen Gottes, verkünden, wenn auch nicht übereinstimmend, was er befiehlt und verbietet. An Jesus zwar nimmt Walser deswegen keinen Anstoß, er deutet ihn walserisch, indem er ihn, ganz unevangelisch, sagen läßt: »Ich bemühe mich um nichts.« (*Der reiche Jüngling*, VIII, 501) Um so mehr ärgert er sich über einen landsmännischen Kenner und Künder des Willens Gottes, den als Dichtergenie von ihm bewunderten Jeremias Gotthelf (Carl Seelig, *Wanderungen mit Robert Walser*, 34, 63, 68).

Einen paradoxen Nihilismus, den Nihilismus Gottes atmet der Satz »Für ihn ist nichts«. Daß der Gott Klaras nichts will, der Gott Simons immerhin Anstand unter den Menschen, bedeutet aber keinen unüberbrückbaren Widerspruch. Der Anstand ist ja das, was wohlgesinnte Menschen von selber wollen. Der Gott, der nach Klaras kühner Idee »nur dann Gott sein will, wenn es uns gefällt, ihn als unseren Gott zu erhöhen« (IV, 96), will und sanktioniert den Anstand gewissermaßen hinterher und *pro forma*.

Von einem wollenden Gott berichtet hingegen das Prosastück *Welt* (I, 128ff.). Es beschreibt eine verkehrte, vom Anstand verlassene Menschengesellschaft, eine »Welt voll Possen und Sünden«, die von Gott schließlich vernichtet wird, worauf er sich »aus Gram über seine eigene Zerstörungswut« selber auflöst. So wäre die Nachgiebigkeit doch nichts Eindeutiges, sie hätte im Fall der gänzlichen Verderbnis des Menschengeschlechts ihre schreckliche Kehrseite. Klara Agappaia freilich, deren Theologie vom Anblick des Waldes eingegeben ist, meint: »... Gott hat seine Schöpfung vergessen, nicht etwa aus Gram, denn wie könnte er des Grames fähig sein, nein, er hat einfach vergessen, oder es scheint wenigstens, daß er uns vergessen hat.« (IV, 97)

Ungeachtet solcher Widersprüchlichkeiten dürfen wir nicht annehmen, Robert Walser habe mit der Religion lediglich ein poetisches und ironisches Spiel getrieben. Wahrscheinlich hat er an Gott geglaubt, aber in voller geistiger Freiheit, ohne sich den klaren Blick auf das, was in Natur und Geschichte gegen den Gottesglauben spricht, verwehren zu lassen. Seine Religiosität kommt zuweilen dem nahe, was Fritz Mauthner »gottlose Mystik« genannt, oder auch dem, was Simone Weil in die Formel gefaßt hat: »Empfinden, daß man ihn (Gott) liebt, selbst wenn es ihn nicht gibt.«

Wohl das verläßlichste religiöse Selbstzeugnis Robert Walsers sind die Worte: »Woran glaube ich? Ich weiß es nicht, ich weiß nur, daß mir viel fehlt, wenn ich nicht gläubig bin.« (*Der Proletarier*, VII, 106) Die antireaktionäre Romantikerin Bettina von Arnim, der die Romangestalt Klara Agappaia ähnlich ist, hat ungefähr das gleiche gemeint: »Glaube ist Aberglaube, – aber Geist ist Glaube.« *(Die Günderrode)* Wahrhaftiger Geist verschmäht die ›Glaubenswahrheiten‹, lebt aber aus dem Glauben an den geistigen Sinn des Lebens. Bettina von Arnim hat ihre Religion als schwebende bezeichnet, und das ist auch der passende Ausdruck für diejenige Robert Walsers.

Erstdruck in: »Robert Walser zum Gedenken«, herausgegeben von Elio Fröhlich und Robert Mächler, Suhrkamp Verlag, Zürich und Frankfurt 1976.

III. Robert Walser am Scheideweg
*Situierende und vergleichende
Untersuchungen*

»Ach, laß doch das« – Robert Walser am Scheideweg

»Können Sie vielleicht einen Angestellten in ihrem geschätzten Büreau brauchen als Schreiber oder so was?« Mit diesen Worten beginnt das kalligraphisch beeindruckende Bewerbungsschreiben, das der junge Robert Walser Anfang März 1897 an Robert Seidel, den Redaktor der in Zürich erscheinenden *Arbeiterstimme*, richtete. Walser war im Herbst 1896 nach Zürich gekommen und arbeitete als Kontorist bei der Schweizerischen Transport-Versicherungsgesellschaft, hatte aber, wie er dem genannten Adressaten klagte, »kein Interesse an der Arbeit, es läßt mich alles kalt«. Es drängte ihn hinaus, zu gerne möchte er »einer Partei dienen, der mein ganzes Herz angehört«.

Doch das war ein bißchen geschwindelt. Eher als einer Partei gehörte sein Herz damals der »schönen Proletarierin« Louisa Schweizer, einer kleinen Angestellten. Walsers von ihr handelnde, in der Ich-Form abgefaßte Erzählung *Luise* ist eines der schönsten Zeugnisse seiner eigenartigen Frauenverehrung. In einer für ihn charakteristischen Abschweifung vom Thema berichtet er da, er habe aus dem brennenden Wunsch, etwas für die Menschheit zu tun, »einer angesehenen publizistischen Person« geschrieben. Zweifellos ist Seidel gemeint, denn anschließend paraphrasiert er ziemlich boshaft Stellen aus dessen erhalten gebliebenem Antwortbrief. Er glaubt darin einen Zug von Eitelkeit zu erkennen und gesteht, sein Eifer sei dadurch abgekühlt worden. Als eitel empfand er besonders die Anrede »Geehrter junger Verehrer!«. Aber das war vielleicht nur eine ungeschickte Reaktion auf Walsers Höflichkeiten. Im übrigen antwortete Seidel sehr freundlich: er könne ihn zwar nicht beschäftigen, wolle ihm aber gerne raten. Walser besuchte ihn darauf in seinem Büro an der Kirchgasse, was zwei weitere Briefe an den »Hochverehrten« zur Folge hatte.

Im Roman *Der Gehülfe* erscheint die gleiche Frau unter dem Namen Klara, und hier ist Walsers sozialistische Phase nebst deren gefühlsmäßiger Tönung durch die Freundin ausdrücklich bezeugt: Joseph Marti, die mit dem Dichter gleichzusetzende Hauptfigur des Romans, und Klara »waren damals ganz und gar von diesem vielleicht edlen und schönen Feuer ergriffen worden, das nach ihrer beiderseitigen Meinung kein Wasserstrahl und keine üble Nachrede auszulöschen vermochte, und das sich, einem rötlichen Himmel ähnlich, über die ganze runde rollende Erde erstreckte.« Obschon entsprechende Angaben fehlen, ist zu vermuten, daß Luise alias Klara vom Bewerbungsmanöver des Freundes Kenntnis hatte und daran Anteil nahm.

Dem dritten und letzten Brief an Seidel legte Walser, zum Abdruck in der *Arbeiterstimme*, das Gedicht *Zukunft* bei:

»Es kommt die wunderschöne Zeit
Da in den Königshallen
Der Freiheit neuer Glaube wird
Am Marmor wiederschallen.

Wo sich in Lieb' ein Volk ergeht
Alleen auf und nieder;

Wo ungebundner Fortschritt blüht
Und blühen tausend Lieder!

Wo Menschen nur noch Menschen sind
Und sich unendlich lieben,
Und wo die Arbeit, die jetzt weint
Zur höchsten Lust getrieben. –

Wo Leidenschaft und edles Thun
Sind inniglich verbunden.
Es wird der freien Zeiten Glück
Ein frei Geschlecht bekunden!

Es kommt die wunderschöne Zeit
Wovon wir Lieder singen. – –
Den Königsadler ›Geist‹ hör ich
Schon kühn die Flügel schwingen.«

Der selber dichtende Redaktor des Sozialistenblattes mag über so viel Zukunftsglauben gelächelt haben. Die Verse blieben ungedruckt und kamen, zusammen mit den erwähnten Briefen, erst 1976 in dem von der Zentralbibliothek Zürich verwahrten Seidelschen Nachlaß wieder zum Vorschein. Markus Bürgi und Katharina Kerr haben die fünf Texte in dem Sammelband *Robert Walser zum Gedenken* (Zürich 1976) veröffentlicht und kommentiert.

Die poetische Zukunftsbeschwörung des Neunzehnjährigen läßt gewiß keinen künftigen großen Dichter erahnen. Bürgi und Kerr weisen zwar auf Einzelheiten des Gedichtes hin, die sich in Abwandlungen auch beim reifen Robert Walser finden, stellen aber fest, daß es hinsichtlich des ungebrochenen Pathos ein Unikum in seiner Lyrik ist.

Einer ungebrochenen Begeisterung für den Sozialismus hat sich Walser jedenfalls nur kurze Zeit erfreut. In der Klara-Episode des *Gehülfen* nennt er ihn »eine zugleich befremdende und anheimelnde Idee« und charakterisiert ihn vorwiegend ironisch als eine von Unzufriedenen getragene »leidenschaftliche Gedanken- und Gefühlsbewegung«. Von einer Partei, »der mein ganzes Herz gehört«, ist nach 1897 nie mehr die Rede. Der Gedanke, Walser habe mit den wunderlichen Versen den Mißerfolg bei Seidel unbewußt selber gewollt, ist nicht ganz abwegig.

Zehn Jahre danach erschien in der von Franz Blei herausgegebenen Zeitschrift *Opale* das Gedicht *Warum auch?*, in welchem Robert Walser seiner Abkehr von der ›Bewegung‹ gedenkt:

> »Als nun ein solcher klarer
> Tag hastig wieder kam,
> sprach er voll ruhiger, wahrer
> Entschlossenheit langsam:
> Nun soll es anders sein,
> ich stürze mich in den Kampf hinein;
> ich will gleich so vielen andern
> aus der Welt tragen helfen das Leid,
> will leiden und wandern,
> bis das Volk befreit.
> Will nie mehr müde mich niederlegen;
> es soll etwas
> geschehen; da überkam ihn ein Erwägen,
> ein Schlummer: ach, laß doch das.«

Walser beschreibt hier sein Scheideweg-Erlebnis, ohne die dem verschmähten politischen Kämpfertum vorgezogene

Alternative, die dichterische Sendung, zu erwähnen. Vielleicht versteckt sich diese vexierbildartig in dem Wort »Schlummer«. Mehrfach hat ja Walser einer schlafähnlichen Zuständlichkeit seines Schaffens gedacht, zum Beispiel in dem Prosastück *Knirps*: »Dann und wann trug seine wie aus einer Art von Eingeschlafenheit quillende Geschicklichkeit den Stempel berechneter Naivität oder gekünstelter Ungekünsteltheit.« Mit dem »Schlummer« in *Warum auch?* könnte also beides gemeint sein: explizite die ernüchterte Abkehr vom Kämpfertum, implizite die Hinwendung zum traumhaft beglückenden Dichtertum.

Robert Walsers Interesse für den Klassenkampf war also ein kleines Strohfeuer mit erotischer Färbung. Ernster zu nehmen ist das im Roman *Jakob von Gunten* niedergelegte Selbstzeugnis, er könne »nur in den untern Regionen atmen«. Noch dem angehenden Schriftsteller in Berlin lag an gesellschaftlichem Prestige so wenig, daß er sich für ein paar Monate als Diener in einem schlesischen Grafenschloß anstellen ließ. Während der vielen Jahre in der Heilanstalt Herisau verrichtete er willig die den Patienten der unteren Verpflegungsklassen zugewiesenen einfachen Arbeiten. Vorzugsweise in den »untern Regionen« ist auch seine Dichtung beheimatet. In ihr waltet eine von Ressentiment freie, unsentimentale Lebensfreundlichkeit. Dabei überrascht sie immer wieder durch suggestives Hinwirken auf eine bessere Menschenwelt, wie es etwa die Prosastücke *Seltsame Stadt, Phantasieren* und *Träumen* kennzeichnet. Darin bekundet sich, wenn auch wehmütig-ironisch gebrochen, eine Gesinnung, die mit dem Mangel an politischem Engagement versöhnt.

Der Landbote, 23.12.1995

Ein Friedensfreund
Robert Walser als braver Soldat

Infolge von Aufenthalten in Deutschland, wo ihm erster Dichterruhm zuteil geworden war, absolvierte Robert Walser die Rekrutenschule mit fünfjähriger Verspätung im Mai und Juni 1903 in Bern. Zusammenfassend beschreibt er diese Zeiten in dem autobiographischen Roman *Der Gehülfe*: »Jetzt kommt eine Eisenbahnfahrt durch ein frühlingverzaubertes Land, und dann weiß man nichts mehr, denn von da an ist man nur noch eine Nummer, man bekommt eine Uniform, eine Patronentasche, ein Seitengewehr, eine regelrechte Flinte, ein Käppi und schwere Marschschuhe. Man ist nichts mehr Eigenes, man ist ein Stück Gehorsam und ein Stück Übung. Man schläft, ißt, turnt, schießt, marschiert und gestattet sich Ruhepausen, aber in vorgeschriebener Weise. Selbst die Empfindungen werden scharf überwacht. Die Knochen wollen anfänglich brechen, aber nach und nach stählt sich der Körper, die biegsamen Kniescheiben werden zu eisernen Scharnieren, der Kopf wird frei von Gedanken, die Arme und Hände gewöhnen sich an das Gewehr, das den Soldaten und Rekruten überall hin begleitet. Im Traum hört Joseph Kommandoworte und das Knattern der Schüsse. Acht Wochen lang dauert das so, es ist keine Ewigkeit, aber bisweilen scheint es ihm eine.«

Das tönt sehr realistisch, im Unterschied zu den Ausführungen über *Das Vaterland* in Walsers erstem Buch, *Fritz*

Kochers Aufsätze, den Phrasen eines Schülers, dem man überschwenglichen Patriotismus eingeflößt hat. Wenn ein so Eigener wie der Dichter Walser sagt, man sei als Rekrut »nichts mehr Eigenes«, so ist damit offenbar ein verwerfendes Urteil ausgesprochen. Gleichwohl sind die angeführten Sätze nicht die Klage eines Unglücklichen. Man kann aus ihnen sogar einen gewissen Stolz auf die durch den Drill erworbene körperliche Leistungsfähigkeit herauslesen. Es ist anzunehmen, daß Walser die Kameraden möglichst wenig von seinem Dichtertum merken ließ, sich überhaupt möglichst unauffällig benahm. Die Genugtuung über das bewiesene Anpassungsvermögen spricht aus einer andern die Rekrutenschule betreffenden Stelle des genannten Romans: »Die Luft in der Kaserne ist für einen jeden dieselbe, sie wird für den Baronensohn für gut genug, und für den geringsten Landarbeiter für angemessen befunden. Die Rang- und Bildungsunterschiede fallen unbarmherzig in einen großen, bis heute noch immer unerforschten Abgrund, in die Kameradschaft. Diese herrscht, denn sie faßt alles zusammen. Die Hand des Kameraden ist für keinen eine unreine, sie darf es nicht sein. Der Tyrann Gleichheit ist oft ein unerträglicher, oder scheint es zu sein, aber was für ein Erzieher ist er, was für ein Lehrer.« So etwas könnte in einem vaterländischen Lesebuch stehen. Doch beachte man den Vergleich der Kameradschaft mit einem Abgrund: etwas Unheimliches schwingt da mit.

Von 1905 bis 1913 weilte Robert Walser in Berlin. Er gewann dort beträchtliches literarisches Ansehen, brachte es jedoch als freier Schriftsteller zu keinem genügenden Einkommen. Nach Biel, in die Stadt seiner Jugend, zurückgekehrt, erhielt er bald Gelegenheit, den gleichmacherischen Abgrund noch gründlicher kennenzulernen. Während des

Ersten Weltkriegs leistete der dem Landwehrbataillon 134 zugeteilte Füsilier Walser sechs je mehrwöchige Aktivdienste in den Kantonen Bern, Wallis, Waadt, Baselland, Solothurn und Tessin. Die Anpassung scheint ihm auch jetzt, im vierten Lebensjahrzehnt, gelungen zu sein. »Mit meinen Kameraden«, erzählte er später Carl Seelig, »bin ich immer gut ausgekommen. Aber die Offiziere sagten oft: ›Walser, Dir syt en fuule Chaib!‹ Das hat mich aber weiter nicht geniert.« Nach Jahren revanchierte er sich für das Scheltwort mit der im *Räuber*-Roman enthaltenen Schilderung einer närrischen Frauensperson, die der Ansicht ist, die Zukunft habe »alles Gute bloß noch von Offizieren zu erwarten und höchstens noch von Soldaten, die für ihren Offizier mit Jubel durchs Feuer gehen«.

Von der gemütlichen Seite präsentiert sich Füsilier Walser hauptsächlich in Briefen an die als Lingère in der bernischen Heilanstalt Bellelay tätige Frieda Mermet, eine Freundin seiner Schwester Lisa, die dort die Kinder der Anstaltsangestellten unterrichtete. Er hegte und äußerte dieser Frau gegenüber zuweilen Heiratsgedanken, deren unrealistische Beschaffenheit sie nicht davon abhielt, dem minderbemittelten Dichter verehrend und fürsorglich zugetan zu bleiben. In Befürchtung eines Aufgebots schreibt er ihr im Spätherbst 1914: »Man wird so aus allem Zarteren herausgerissen, und wenn man immer zu gewärtigen hat, einrücken zu müssen und alle Freiheit zu verlieren, so ist das gar nicht schön, was Sie, wie ich hoffe, leicht begreifen werden.« Nach dem Einrücken im folgenden Frühjahr meldet er aber, der Dienst in Cudrefin am Neuenburgersee sei »durchaus annehmbar«, der dortige Wein »ausgezeichnet«. Ein halbes Jahr danach berichtet er aus dem Baselbiet: »Wir sind drei Tage lang draußen in den Wäldern gewesen, und drei Nächte lang haben wir im Wald übernachtet. Das war für alle sehr anstrengend, dies können Sie sich denken. Jetzt sind wir einstweilen in einem hübschen Schulhaus. Eine Zeit lang lagen wir in einer alten Scheune, wo es sehr kalt war. Ich habe mich beim Steinetragen dumm gebückt, und seither einigen beständigen Schmerz in der linken Seite der Brust. Auch haben wir uns alle mehr oder weniger erkältet, doch wird das schon vergehen.« In jedem Dienst hat er der Freundin für Päcklein zu danken: Hemden, Strümpfe, Taschentücher, Wurst, Käse, und ganz besonders schätzt er eine »liebe Schnapssendung«.

So vergnügt und so frei von Dienstkoller sich Walser in seinen Feldpostbriefen gibt, das Lied vom lustigen Soldatenleben hat er wohl nur befohlenermaßen und *sotto voce* mitgesungen. Das Grauen des sich in die Länge ziehenden Krieges war ihm allzu gegenwärtig, als daß er sich der unter Dienstkameraden üblichen Gemütlichkeit ungeteilt hätte hingeben mögen. Drei Prosastücke aus den ersten beiden Kriegsjahren, *Der Soldat*, *Etwas über den Soldaten* und *Beim Militär*, verraten zwischen den Zeilen und manchmal im Wortlaut selber, wie kritisch er über das dachte, was er scheinbar wohlgelaunt mitmachte. Wenn er da betont, dem Vaterland habe der Soldat Gehorsam bis zum Äußersten zu leisten, wenn er das Putzen als »großen und guten Zeitvertreib« in der Eintönigkeit des Dienstes rühmt oder das Schimpfen und Fluchen des Soldaten entschuldigt, so hat der Leser bisweilen Mühe, aus dem Biedermannston das hintergründige Nein herauszuhören. Am deutlichsten wird Walser in dem Prosastück *Beim Militär*: »Was denkt ein Soldat viel so den ganzen Tag? Er hat ja überhaupt, damit das Ding klappt, das man Militarismus nennt, überhaupt nichts oder absichtlich wenig zu denken.« Sozusagen in mitleidiger

Mimikry solidarisiert er sich mit dem geistig unselbständigen Volk: er gehöre »leider selber zu den Kerls, die es hübsch finden, nichts zu denken«; er könne zwar den Freund des Friedens in sich nicht verleugnen, doch auch nicht, daß er »ein warmer Freund des Soldatenwesens« sei. Dieses Prosastück erschien im Kriegsjahr 1915 in der *Neuen Zürcher Zeitung*. Feuilletonredaktor Eduard Korrodi, der sonst Walser gegenüber nach dessen Meinung »manchmal etwas zu stark den strengen Herrn zu spielen beliebte«, war diesmal nachsichtig gestimmt.

»Gott geht mit den Gedankenlosen«, heißt es am Schluß des Romans *Jakob von Gunten*: verwegener Scherz eines Gedankenreichen, der auf seine Dichterart doch auch mit Gott gehen will. Allein, so spielerisch und paradox er sich häufig ausdrückte, in ethisch wesentlichen Fragen läßt sich ziemlich sicher ausmachen, was Robert Walser ernst gemeint hat. In der Militärfrage kann das ebenfalls 1915 veröffentlichte Prosastück *Der Arbeiter* zu größerer Klarheit dienen. Der Grundtext ist ein Selbstbildnis des Dichters als »Arbeiter«, darin eingefügt sind als dessen Schaffensproben zwei kurze Beschreibungen idealen Menschentums, des Zusammenlebens von »Menschen, die dort wohnen, wo die Gedanken wohnen«. Anschließend an diese utopischen Phantasien und im scharfen Gegensatz zu ihnen wird der Kriegsausbruch gemeldet und das gehorsame Einrücken des »Arbeiters« lakonisch kommentiert mit den Worten: »der Dienst für das Vaterland zerstreut alle Gedanken.« Das menschenmöglich gute Leben ist also dort, »wo die Gedanken wohnen«; es kann nicht dort sein, wo sie »zerstreut« werden.

Angesichts der zunehmenden, sich auch in der Schweiz bemerkbar machenden Kriegsnot mochte sich Walser in der Rolle des sanften Ironikers nicht mehr ganz wohl fühlen. Als

Schriftsteller freilich übte er weiterhin Zurückhaltung. Aber in einem Brief an Frieda Mermet vom Herbst 1918 äußerte er sich unverblümt: »Lauter Strohköpfe, Schafsköpfe, wohin man blickt. Esel, die in die Fabriken laufen und Munition machen und andere Esel und Schafe in Menge. Hundert Millionen Strategen an Eßtischen, wo es nachgerade nichts mehr zu essen gibt. Ein Knäuel von Hilflosigkeit und Maulaffigkeit. Das Elend, das nun in alle Welt verbreitet ist, sieht wie eine göttliche Strafe aus, weil alles Schöne, Gute und Göttliche von allen Leuten so geringgeschätzt wird. Kinder, liebe Frau Mermet, kleine Kinder, dumme kleine Jungens mit Spitzbübereien im kleinen Kopf würden besser die Welt regieren und lenken als die heutigen mageren Staats- und Weltlenker, oder Frauen, wie Sie oder wie manche andere, sollten Königinnen, Herrscherinnen sein, das ist für mich ganz klar. Die Männer machen jedenfalls einen entsetzlichen Bankerott mit all ihren schmählichen Albernheiten, Schwächlichkeiten. Ja, man sieht es heute und kann es mit Händen greifen, wohin es führt, wenn die Menschen alles Große fortgeworfen haben, um ameisenhaft im Kleinlichen und Erbärmlichen herumzukriechen. Alle diese Soldaten sind mehr Dummköpfe als wirkliche Soldaten, und alle Kinder werden von den Tröpfen von Erwachsenen verraten, weil die Erwachsenen kindischer sind wie Kinder.«

Das sind die stärksten Töne, die der im gängigen Sinn Unpolitische sich erlaubt hat. An den damaligen pazifistischen Bestrebungen hat er sich nicht beteiligt, was er in einem Brief an Hermann Hesse folgendermaßen rechtfertigte: »Es ist laut geworden, daß Robert Walser ein vornehmes Schlaraffenfaulpelz- und Spießbürgerleben führe, anstatt zu ›kämpfen‹. Die Politiker sind unzufrieden mit mir. Aber was wollen die Leute eigentlich? Und was ist mit Artikeln in Zeitungen und Zeitschriften Großes und Gutes zu erreichen? Wenn die Welt aus den Fugen ist, so nützt die Anstrengung von zwanzigtausend tollen Hamleten wenig oder nichts.«

Eine Bermerkung zu Carl Seelig, in der sich der Poet Walser überraschend realpolitisch gibt, darf in diesem Zusammenhang nicht unterschlagen werden: »Mir kommt es philiströs vor, den Staat mit moralischen Ansprüchen zu molestieren. Der Staat hat als erstes die Aufgabe, stark und wachsam zu sein. Die Moral muß die Angelegenheit des Individuums bleiben.« Bedenkt man indessen, welch tiefe Friedenssehnsucht sich beschwörend in den utopistischen Phantasiestücken kundgibt, so wird man das Ja zum amoralischen Staat als ein bedingtes, vorläufiges verstehen müssen. »Ein warmer Freund des Soldatenwesens« ist Robert Walser doch nur mit betrübten Hinter- und zornigen Quergedanken gewesen. Der Militärfreund war eine seiner vielen literarischen Masken. Hinter ihr versteckt sich, damit er von Pathos und Sentimentalität möglichst frei bleibe, der Friedensfreund.

Neue Zürcher Zeitung, 3.8.1987

»Das Leben ist ein Speisesaal, worin ich allein tafle, schmause«
Der Ich-Denker und der Ich-Dichter – Egoismus, Selbstgenuß und Weltgenuß bei Max Stirner und Robert Walser

Robert Walser hatte kein Interesse für systematische Philosophie. Der einzige berühmte Philosoph, über den er sich geäußert hat, ist Nietzsche: der habe sich, bemerkte er zu Carl Seelig, »dem Teufel angebiedert«. Vielleicht hatte ihn Dr. Rudolf Willy, ein ihm persönlich bekannter Zürcher Philosophiedozent und Verfasser eines Buches über Nietzsche, zu etwelcher Beschäftigung mit diesem angeregt. Willy könnte ihn auch auf den häufig mit Nietzsche genannten Max Stirner (mit eigentlichem Namen: Johann Kaspar Schmidt, 1806–1856) aufmerksam gemacht haben. Daß Walser dessen Buch *Der Einzige und sein Eigentum* gelesen hat, ist unwahrscheinlich. Aber Leben und Werk des Dichters lassen sich, wie im folgenden gezeigt werden soll, als eine glücklich modifizierte Exemplifikation der Lehre vom »Einzigen« deuten.

Die Lebensläufe Stirners und Walsers haben einiges Ähnliche. Streckenweise sind sie gar nicht oder dürftig dokumentiert, worin sich die Neigung beider zum Inkognito, zur Tarnung verrät. Beide stammten aus kleinbürgerlichen Verhältnissen. Stirners Mutter war in späteren Jahren geisteskrank, Walsers Mutter gemütskrank. Sowohl der Denker wie der Dichter hatten zu Lebzeiten wenig Erfolg und litten oft wirtschaftliche Not. Wenn Stirner es trotz außergewöhnlicher Begabung und gediegener Hochschulbildung zu keiner bedeutenden Stellung brachte, so lag dies hauptsächlich an seinem Eigensinn als originaler Denker. Ähnlich sah sich der mit dem Eigensinn des originalen Dichters behaftete Walser außerstande, Bücher zu schreiben, die einen existenzsichernden Absatz versprochen hätten.

Max Stirners Buch *Der Einzige und sein Eigentum* (1845) ist eine Philosophie des radikalen Egoismus. Der ehemalige Schüler Hegels rebelliert gegen dessen Philosophie des überindividuellen Geistes mit einem von Grund aus anarchistischen Individualismus. Der Geist und alle geistigen Leitvorstellungen, die liberalsten inbegriffen, sind nach Stirner Spuk und Sparren, haben jedenfalls keine selbständige Wirklichkeit. Sie dürfen das selbsteigene Ich nicht bevormunden, sollen vielmehr von ihm beherrscht werden. Wessen sich das Ich bemächtigen kann, seien es Dinge oder Ideen, das ist sein Eigentum. Stirners Ich hat, nach einem Vers von Goethe, »sein' Sach' auf Nichts gestellt«, ist »Alles und Nichts; ... kein bloßer Gedanke, aber ... zugleich voller Gedanken, eine Gedankenwelt«. Es löst in der Verwertung des Seinigen sich selber auf. Folgerichtig nennt Stirner als Beweggrund seiner Schriftstellerei nicht die Absicht menschenfreundlicher Belehrung, sondern versichert, sie diene ihm bloß zum Selbstgenuß. Menschenfreundlichkeit, Liebe und alle sonstigen idealen Werte sind dem Einzigen keineswegs fremd, doch bestreitet er jede Dienstverpflichtung ihnen gegenüber.

Der von Marx als tollgewordener Kleinbürger verhöhnte Stirner hat verständlicherweise keine weltgeschichtliche Bewegung in Gang gebracht wie der Chefideologe der Ersten Internationale. Er sprach als Einziger zu Einzigen. Seine Aufforderung zu einem Egoismus, dem lediglich vereinsartige Schranken zu setzen wären, kann unter den bisherigen gesellschaftlichen Bedingungen wohl nur von solchen verstanden und befolgt werden, die zum *geistigen* Ausdruck ihrer Einzigkeit begabt sind. »Mein eigen«, sagt Stirner, »bin Ich jederzeit und unter allen Umständen, wenn Ich Mich zu haben verstehe und nicht an Andere wegwerfe.« Einer, der sich zu haben und, nach einer ergänzenden Formulierung Stirners, sich »zur Offenbarung« zu bringen verstand, war eben Robert Walser.

Der Spruch »Ich hab' mein' Sach' auf Nichts gestellt« kann auch als Motto von Walsers Leben und Dichten gelten. Als neunzehnjähriger Commis in Zürich hatte er kurze Zeit im Sinn, sich einer Sache zu widmen. Er möchte, schrieb er damals an Robert Seidel, den Redaktor der sozialdemokratischen Zürcher *Arbeiterstimme*, »zu gerne einer Partei dienen, der mein ganzes Herz gehört«. Bald aber erkannte er dies als eine Velleität und zog sich zurück. Das hierauf zu beziehende Gedicht *Warum auch?* schildert einen, der sich entschlossen in den Kampf um die Volksbefreiung stürzen will, und schließt unvermittelt mit den Versen: »Da überkam ihn ein Erwägen, / ein Schlummer: ach, laß doch das.« In der Folge verzichtete Walser nicht allein auf das sozialistische Engagement, er machte, ganz im Sinne Stirners, sein Leben lang nichts zu seiner »heiligen Sache«. Er verwirklichte den Einzigen des Ich-Denkers wohl gar besser als dieser selber, weil er als Ich-Dichter der Mühe des philosophischen Argumentierens entraten konnte. Staat, Religion, Familie, die gesellschaftlich geltenden Werte insgesamt ließ er unangetastet, bedachte sie höchstens mit federleichter, sich möglichst beiläufig gebender Ironie. Überaus eifrig betrieb er allerdings die Dichtkunst, gab jedoch immer wieder zu verstehen, daß er ihr nicht hörig sei.

Unter Berufung auf *Matth.* 10,16 empfiehlt Max Stirner, klug wie die Schlangen zu sein. Ihn selber bewahrte diese

Maxime nicht vor unklugen Geschäften, die ihn sogar ins Schuldgefängnis brachten. Robert Walser schlängelte sich gesamthaft besser durchs Leben. Stirner starb in Armut mit fünfzig Jahren, Walser wurde im gleichen Alter Dauerpatient in psychiatrischen Kliniken und lebte als solcher mehr als ein Vierteljahrhundert lang in quasi weltfreier Zufriedenheit. Schlangenklugheit im Sinn des Bibelwortes, stets verbunden mit dem zugehörigen »Ohne Falsch wie die Tauben«, offenbart sich vielgestaltig in seinen Dichtungen. Ein Musterbeispiel klugen und gleichzeitig freimütigen Verhaltens ist die Rede des schlecht verdienenden Schriftstellers vor dem Steuerbeamten in der Erzählung *Der Spaziergang*.

Wie den angeführten Vers von Goethe als Motto, so könnte man dem gesamten Werk Robert Walsers den Titel voranstellen, den Stirner einem Kapitel seines Buches gegeben hat: »Mein Selbstgenuß«. Der Dichter selber hat sein Werk als »ein mannigfaltig zerschnittenes oder zertrenntes Ich-Buch« bezeichnet, wobei unter Zertrenntheit die vielen rollenmäßigen Abwandlungen des Selbstbildnisses zu verstehen sind. Ist der Selbstgenuß, wie Stirner lehrt, nach Maßgabe der Gewalt des Einzigen zugleich Weltgenuß, so erscheint der Selbstgenießer Walser als ein Weltgenießer von erstaunlicher Geistesgewalt. Er macht sich die Welt zum Eigentum, indem er sie in die Sprache seiner dichterischen Einzigkeit übersetzt. Aus dem Gefühl einer die gesellschaftliche Norm durchbrechenden – ›verbrecherischen‹ – Aneignung von Welt hat er sich denn auch in seinem letzten, postum erschienenen Roman als »Räuber« dargestellt.

Was ihm innerlich fremd war, ignorierte er freilich, seien es auch so wichtige Dinge wie Wissenschaft, Philosophie, Politik, Wirtschaft, Technik. Über Kulturelles schrieb er ausschließlich im selbsteigenen Walser-Stil. Zwar anvertraute er seiner Freundin Frieda Mermet, daß er »mit großem Vergnügen einmal einen irgend ein einschneidendes Kulturthema streifenden Leitartikel in die Zürcher Zeitung schriebe«. Doch war auch das vermutlich eine Velleität wie einst die Begeisterung für den Sozialismus, lag ihm doch zusammenhängendes Argumentieren, wie es zu einem ordentlichen Leitartikel gehört, gar nicht. Im Unterschied zu Hermann Hesse und vielen andern Schriftstellerkollegen schrieb er auch keine Buchbesprechungen. Einzige Ausnahme ist die Anzeige eines Gedichtbändchens von Otto Pick, dem ihm wohlgesinnten Redaktor der *Prager Presse*: sie ist ein Meisterstück Walserscher Witzigkeit, bei minimaler Bezugnahme auf den Besprechungsgegenstand. All seine Prosastücke und Gedichte über Große der Literatur und der Kunst sagen mehr über ihn selber aus als über die Darzustellenden. Er behandelt diese als Bestandteile *seiner* Welt, als anverwandeltes Eigentum.

Walser war sich seines dichtermäßigen Selbstgenusses bewußt. Stirner wäre entzückt gewesen von der Rede des »Gleichgültigen« in dem Prosastück *Ein ganz klein wenig Watteau*, besonders von dem Satz: »Das Leben ist ein Speisesaal, worin ich allein tafle, schmause.« Oder von jenem in *Helblings Geschichte*: »Ich sollte eigentlich ganz allein auf der Welt sein, ich, Helbling, und sonst kein anderes lebendes Wesen.« Bewußt war sich Walser auch des Ärgernisses, das er mit dergleichen erregte. Im Watteau-Stück bemerkt er dazu: »All die Ungehaltenheit, die ich auslöse, ist für mich nicht böse. Mein überaus trockenes Inneres kennt keine Freunde, keine Feinde.« Von Stirner bezeugt sein Biograph John Henry Mackay dasselbe: » ... wie er keinen Feind hatte, so hat er auch keinen einzigen intimen Freund besessen.« Walsers Jakob von Gunten weiß sich mit dem Talent ausgestattet, »jemanden von der Unklugheit gewisser Annäherungen stumm zu überzeugen … « Mackay urteilt analog über Stirner: »Es muß in der Art seines Wesens ein schweigend-abweisender Zug gelegen haben, der vorlaute und neugierige Fragen nicht herankommen ließ.«

Der philosophierende Egoist Stirner verabscheut das »Gebot der Liebe«, doch liebt er, »weil die Liebe Mich glücklich macht«. Auch Walser ist kein Prediger der Liebe, läßt aber in unzähligen Variationen das Glück seines dichterischen Liebesvermögens spüren. Als ehrlicher Selbstbeobachter gibt er sich immer wieder Rechenschaft über den fortwährenden Wechsel von freundlichen und unfreundlichen Gemütsregungen und Gedanken. Einmal frohlockt er, »wie heiter ich's mit der Lieblosigkeit wage«, dann wieder bekennt er: »… jedesmal, wenn ich auf die Straße trete, fange ich an, irgend etwas, irgend jemand lieb zu gewinnen … « Das Hin und Her zwischen den Gefühlsgegensätzen hält er wohl darum so gut aus, weil er im Sinne von Stirners »Einzigem« keine »fixen Ideen« hat, für keine allgemeinverbindlichen Ideale kämpft. Im Alter hat er freilich zu Carl Seelig gesagt, daß Schriftsteller ohne Ethik durchgeprügelt werden müßten. Jedoch gerade aus den Gesprächen mit Seelig wird deutlich, daß er unter Ethik etwas Besseres verstand als einen Sittenkodex für den Nomalbürger.

Der beiderseitigen Unbotmäßigkeit gegenüber religiösen und profanen Ideenmächten liegt das zugrunde, was Stirner mit dem Paradox »schaffende Gedankenlosigkeit« bezeichnet. Das Ich ist nach Stirner *vor* dem Denken und hat Gedanken nur in unaufhörlichem Wechsel mit Gedankenlosigkeit. Im Einklang damit sagt Walser: »Ohne denken zu wollen, bin ich ein Denker … «, oder noch zugespitzter: etwas an ihm sei »im selben Atemzug … tiefsinnig und gedankenlos«.

Und wie Stirner am Schluß seines Buches den »Einzigen« in sein schöpferisches Nichts entläßt, so kehrt Walsers Jakob von Gunten, nachdem er eine entsprechend untergrundhafte Schule besucht hat, der europäischen Kultur den Rücken, im Vertrauen darauf, daß Gott mit den Gedankenlosen gehe.

Sowohl der Ich-Denker wie der Ich-Dichter sind also, jeder auf seine Weise, Gegner des Intellektualismus. Unter diesem Gesichtspunkt kann es nicht verwundern, daß sie auch in ihrem Jesusbild bedeutsam übereinstimmen. Mit einigem Recht macht sich der Philosoph des Egoismus *Matth.* 18,3 zunutze: Kinder, nach Jesu Wort des Himmelreichs teilhaftig, »haben kein heiliges Interesse und wissen nichts von einer ›guten Sache‹«, sie sind Egoisten. Darauf hinauslaufenden Kennzeichnungen des Kindseins und der eigenen kindlichen Züge begegnet man bei Walser oft. Stirner bringt es fertig, Jesus quasi als Musteregoisten zu deuten: er habe die Welt zu seinem Eigentum erklärt (*Matth.* 11,27). Nicht ein Revolutionär, wohl aber ein Empörer sei er gewesen, ein über die Parteien sich Emporhebender, seinen *eigenen* Weg Wandelnder. In einer Dialogskizze von Walser fragt die Mutter Jesu ihren Sohn: »Fängst du schon so früh an, dein eigenes Eigentum zu sein?« (*Studie*, II) Jesus selber läßt der Dichter sagen: »Ich bemühe mich um nichts« *(Der reiche Jüngling)*, was mit Stirners »Einzigem«, der keine Sache hat, zusammenstimmt. Ebenso erscheint Jesus im ersten der Prosastücke *Vier Bilder* als in sich selber ruhender Liebender ohne Veränderungsabsicht.

Nahe sind sich der Denker und der Dichter auch in der Kritik des Christentums. Von aller Freiheit, die nicht unmittelbar durch die Eigenheit gegeben ist, urteilt Stirner abwertend, sie sei und bleibe »eine *Sehnsucht*, ein romantischer Klagelaut, eine christliche Hoffnung auf Jenseitigkeit und

Zukunft«. Im Einklang damit schreibt Walser kurz nach der Episode mit Seidel an seine Schwester Lisa, das Christentum sei »die Religion der Sehnsucht« und schon darum »so unnatürlich, so menschenunwürdig«. Der Ton des betreffenden Briefes ist scherzhaft, und wenn wir dazu die Bedeutung der Sehnsuchtsdichtung in Walsers Werk bedenken, so werden wir seinen jugendlichen Ausfall gegen das Christentum nicht zum Nennwert nehmen. Immerhin enthält er sich, darin wieder auf Stirners Seite, allen gläubigen Ausblicks auf Jenseitiges.

Es ist übrigens möglich, daß Walser sich trotz der erwähnten Kongruenzen über Stirner nicht viel freundlicher geäußert hätte als über Nietzsche. Obschon ihm das Gute und das Böse unzertrennlich schienen, hätte er Stirners Gleichsetzung von Gewalt und Recht kaum gutgeheißen oder doch nur *geistige* Gewalt für rechtmäßig erklärt. Das hier in den Vordergrund gestellte Gemeinsame der beiden ist ihr Blick für den Kern des Egoismus als für eine sozusagen übermoralische Urgegebenheit. Beide sind geistige Befreier, ohne der Freiheitsidee vasallenmäßig zu huldigen. An Charisma ist der Poet dem Philosophen überlegen, doch dieser hat das Geistesklima vorbereitet, in welchem das Phänomen Robert Walser gedeihen konnte.

Der Landbote, 3.12.1988

Zwei ungleiche Brüder im Geiste
Henri-Frédéric Amiel und Robert Walser

»Woran glaube ich denn eigentlich? Ich weiß es nicht. Und worauf hoffe ich? Es fiele mir schwer, es zu sagen. Falsch! Du glaubst an die Güte und hoffst, daß das Gute siegen wird.«
(Amiel, *Tagebuch*, 31.8.1869)

»Woran glaube ich? Ich weiß es nicht, ich weiß nur, daß mir viel fehlt, wenn ich nicht gläubig bin.«
(Walser, *Der Proletarier*)

Hätte Robert Walser das Tagebuch Henri-Frédéric Amiels (1821–1881) gekannt, wofür es keinen Beleg gibt, so müßte man sein obiges ›Credo‹ für ein bewußtes oder unbewußtes Plagiat des vorhergehenden von Amiel halten. Aber der frappante Gleichklang erklärt sich zwanglos aus der nahen geistigen Verwandtschaft der beiden. Dasselbe Prosastück Walsers, *Der Proletarier*, enthält noch anderes an das Amiel-Zitat Anklingende: »Könnte nicht unter Menschen ein Glauben neu entstehen; wär' das nicht ein wundersames Ereignis?« Ferner: »Das Gute verschwindet nie; irgendein Bescheidenes bleibt uns immer.« Amiel wiederum sagt im Anschluß an das oben Zitierte, was auch Walser von sich gesagt haben könnte: »In deiner ironischen, skeptischen

Hülle steckt ein Kind, ein reiner Tor, ein schwermütiger und unschuldiger Genius, der an das Ideal, an die Liebe, die Heiligkeit, an alle himmlischen Wahngebilde glaubt.«

Die »skeptische Hülle« ist allerdings bei Amiel deutlicher wahrnehmbar als bei Walser. Amiel, der Sohn eines Genfers hugenottischer Abstammung und einer deutschschweizerischen Mutter, hatte in Deutschland Philosophie studiert und wirkte in seiner Vaterstadt mit geringem Erfolg als Professor dieses Faches. Dank der gediegenen akademischen Bildung vermag er gewisse skeptische Gedankengänge des Tagebuchs eindrücklich zu formulieren. Der Poet Walser mit seiner reichen, aber wildwüchsigen, an ein genialisches *enfant terrible* erinnernden Gedanklichkeit gibt sich weniger als argumentierender Skeptiker denn als lebensnaher, vorwiegend menschenfreundlicher Ironiker. Die auch ihm eigene Skepsis ist zunächst aus der biographischen Tatsache zu erschließen, daß er nie Parteimann oder religiöser Bekenner war. Im Werk äußert sie sich manchmal als Zweifel am Sinn kulturellen Schaffens, bis hin zum Befund, Kultur sei »gewiß nichts anderes als die Eitelkeit selber« *(Das »Tagebuch«-Fragment von 1926).*

Es ist verwunderlich und mutet eher unkindlich an, wenn ein Philosophieprofessor sagt, er sei innerlich ein Kind. Natürlich sagt Amiel dies nicht vom Katheder herab, sondern schreibt es in sein Tagebuch, das er über Jahrzehnte hinweg möglichst geheim hält und als ein Manuskript von annähernd siebzehntausend Seiten hinterläßt. Hier, im *Journal intime*, lebt er seine gesellschaftlich unerlaubte, in der Wurzel kindliche, aber hochgradig reflektierte Selbstbezogenheit aus. Interesse für die eigene Person ist diesem Tagebuchschreiber Interesse für das jederzeit gegebene innerlich Erfahrbare, für die existentielle Wahrheit, neben der alles andere bloß mittelbaren Erkenntniswert hat. Ein solcher, nur in der naturellbedingten Form andersartiger Selbsterforscher ist auch Robert Walser. In dem Prosastück *Eine Art Erzählung* nennt er seine schriftstellerischen Erzeugnisse gesamthaft »ein mannigfaltig zerschnittenes oder zertrenntes Ich-Buch«. Freilich muß er dieses nicht wie Amiel geheimhalten, da ihm die Dichterphantasie ermöglicht, seine Selbstdarstellung in tarnenden oder verfremdenden Einzelbildnissen abzuwandeln.

Verwandt sind Amiel und Walser insbesondere in der Wahrnehmung der Selbstwidersprüche ihres Wesens und Denkens. Amiel sieht sich einerseits als eine Proteusnatur und beklagt sich anderseits, er sei der Gefangene seines Hanges zur Kritik und in Gefahr zu versteinern (9. September 1850). Walser charakterisiert sich als »eine individuelle Individualitätslosigkeit« *(Ferienreise)* und übt sich im »Wiederaufsuchen der Festigkeit bei häufiger Einbuße derselben« *(Erich)*. Beide beurteilen sich selber meist ungünstig, bekennen ihre Unfähigkeit zu wahrem Gutsein und gehen in der Selbstverkleinerung bis zum Eingeständnis der Nullenhaftigkeit, wobei diese ebensowohl Versagen in der Gesellschaft wie die Nichtigkeit im Weltganzen bedeuten kann.

Beim Vergleich derartiger Selbstzeugnisse tritt der erwähnte Unterschied besonders deutlich zutage. Amiels Selbstschau ist inhaltlich weithin originell, ein Vorstoß in psychologisches Neuland, jedoch nahezu humorlos und sprachlich ohne auffallende Eigenart. Gelegentlich wirkt sie als peinliche Selbstentblößung, weshalb er niemals an eine Veröffentlichung des Tagebuchs zu Lebzeiten denken durfte. Walser hingegen, der Selbstdarsteller in wechselnden, meist scherzhaft getönten Rollen, zudem ein unerschöpflich origineller Sprachkünstler, konnte mit solchem Schaffen während einiger Jahrzehnte eine bescheidene Schriftstellerexistenz fristen. Untergründig ist allerdings auch er »ein schwermütiger und unschuldiger Genius« (unschuldig jedenfalls im Sinn der Unfähigkeit zu welthörigem Machtstreben) und teilt mit Amiel die Sehnsucht nach »himmlischen Wahngebilden«.

Kein Wahngebilde, aber auch kein Gegenstand kirchlichen Bekennens ist ihnen beiden Jesus. Man könnte, schreibt Amiel, »alle Kirchen verabscheuen und sich vor Jesus verneigen« (12. April 1868). Und Walser, der Jesus in Versen, Prosastücken und Dialogen dichtermäßig deutet, ist der Ansicht, man müsse sich ihm gegenüber »mit stärkerer oder gelinderer Gebärde anbetend betragen« *(Etwas über Jesus)*. Amiel, der Bücher von David Friedrich Strauß und Eduard von Hartmann liest, vertraut dem Tagebuch nicht bloß schneidend Kritisches über die Kirchen an, sondern auch über die Bibel, zumal das Alte Testament. Demgegenüber muten die seltenen Bemerkungen Walsers über Kirchliches harmlos an, können indes unheimlich ironisch funkeln. Übrigens sind weder Amiel noch Walser aus der Kirche ausgetreten. Sie wußten die gesellschaftlich stabilisierenden Wirkungen der konfessionellen Gemeinschaften zu würdigen.

Wie für die Kirche, so brachten Amiel und Walser auch für den Staat und für das politische Leben insgesamt kein tätiges Interesse auf. Amiel erhielt seinen Genfer Lehrstuhl dank günstigen Umständen durch Fürsprache der damals regierenden Radikalen. Er konnte sich aber für deren Sache nicht erwärmen und fand an der konservativen Opposition ebenfalls keinen Geschmack. Wie später Walser in einem Brief an Hermann Hesse (15. November 1917) hätte er sagen können: »Die Politiker sind unzufrieden mit mir.« Ein einziges Mal ließ er sich, seltsam genug, von einer Welle patriotischer Bgeisterung mitreißen und wurde zur Stimme des Volkes: Anfang 1857, als die Schweiz wegen Neuenburgs von Preußen bedroht war, dichtete er die zum welschschweizerischen Vaterlandslied gewordenen Verse: »Roulez, tambours!« – das einzige lebendiggebliebene seiner sonst vergessenen, in ein paar Bändchen gesammelten Gedichte. Zwar befaßt er sich im Tagebuch öfter mit politischen Fragen und urteilt über Nationalcharaktere, doch ohne parteinehmende Leidenschaft.

Walser berührt Politisches nur beiläufig und meist in spielerischem Ton. Einige Prosastücke, in denen er Träume von edlerem Menschentum spinnt, entbehren der politischen Relevanz. Ein Vaterlandslied sucht man in seinem Gedichtwerk vergebens. Nachdem er in *Fritz Kochers Aufsätzen* schülerhaft übertreibend patriotischen Eifer gemimt hatte, leistete er im Ersten Weltkrieg immerhin mit Anstand und Humor ein halbes Dutzend Aktivdienste als Füsilier.

Nicht zu übersehen ist die Ähnlichkeit der beiden großen Skrupulanten auf erotischem Gebiet. Mit Ausnahme der wechselvollen Beziehung zu der ihm allzu ergebenen Philine (so nennt er sie im Tagebuch), beschränkte sich Amiel auf platonische Freundschaften mit gebildeten Frauen. Er hatte den Ruf eines ›tugendhaften Don Juan‹. Diese Bezeichnung paßt auch auf Walser, der sich vermutlich überhaupt nie rückhaltlos an ein erotisches Erlebnis verlor. Beide bezichtigen sich ungewollter Grausamkeit gegen Frauen, das heißt des enttäuschenden Mangels an selbstvergessener Leidenschaft. »… ein Frauenfeind erster Güte«, so lautet eine von Walsers paradoxen Selbstdiagnosen, »und doch wieder absolut kein Frauenfeind, sondern ein ganz netter, artiger Mensch, der keinem weiblichen Wesen nur ein Haar krümmte …« *(Der andere Junggeselle)*. Beide trugen sich ziemlich oft mit Heiratsabsichten. Aber bereits als Dreißigjähriger verdrängte Amiel ihm vorschwebende Bilder von Eheglück, »denn jede Hoffnung ist ein Ei, aus dem statt einer Taube eine Schlange schlüpfen kann ... « (6. April 1851). Der Dichter Walser hatte neben den rein persönlichen auch wirtschaftliche Gründe zu verzichten. *Summa summarum* haben wohl beide gut daran getan, ledig zu bleiben.

Schon dem bisher Gesagten ist zu entnehmen, daß Amiel und Walser bei noch so weit getriebener Introspektion den Blick für die äußere Welt nicht eingebüßt haben. Das Bemühen um wahrhaftige Selbstbeurteilung hat im Gegenteil ihr allgemeines Urteilsvermögen gestärkt. In eins mit der Erforschung der eigenen Widersprüchlichkeiten, gewannen sie Einsicht in die Relativität aller Werturteile, vorab der wertenden Unterscheidungen des Großen und des Kleinen. Waren sie dadurch gegen Selbstüberschätzung gefeit, so konnten doch auf der erreichten Erkenntnishöhe ein rechtmäßiges Selbstwertgefühl und eine Art Sendungsbewußtsein nicht ausbleiben. »Betrachte dich als Bevorzugten!« ruft sich Amiel zu. »Sei demütig, dankbar, hochherzig! Versuche, das, was du empfangen hast, weiterzugeben und auf deine Weise den Weg zur Freiheit bekanntzumachen« (7. Februar 1877). Walser schreibt sich gegen Ende seiner Schaffensjahre eine gleichgeartete Sendung zu, was durch den merkwürdigen (pessimistischen?) Nachsatz wohl nur scheinbar widerrufen wird: »Mit einer Reihe antilakaienhafter Schriften, die er seinem Freiheitsherzen entnahm, sorgte er, daß man an ihn zu glauben begann. Er gönnte jedoch der Menschheit den Einfluß nicht, den er auf sie ausübte.« *(Ein Lakai)*

Ohne Selbstwertgefühl und untergründigen missionarischen Antrieb hätte Amiel, der sich immer wieder Willensschwäche vorwirft, nicht die Kraft und Ausdauer aufgebracht, das Riesenwerk seines Tagebuchs zu schaffen. Entsprechendes gilt von Walser, der sich so gerne als zeitverschwenderischer Bummler ausgibt. Mit den erst nach seinem Tod zum Vorschein gekommenen und bis heute nicht vollständig entzifferten ›Mikrogrammen‹ steht er an heroisch durchgehaltener Heimlichkeit hinter Amiel nicht zurück. (Durch eine äußerlich unproduktive, innerlich spannungsreiche Heimlichkeit, ein undurchdringliches geistiges Inkognito ist sein mehr als zwanzigjähriger Aufenthalt in der Heilanstalt Herisau gekennzeichnet.)

Als Erforscher ihrer Eigenart und ihres Gewissens sind Henri-Frédéric Amiel und Robert Walser Einsame in der Menge der Extravertierten geblieben. Sie litten darunter, doch fehlte es ihnen nicht an der das Leiden erträglich machenden Weisheit. »Man muß das innere Gleichgewicht wollen«, ermahnt sich Amiel, »das Einverständnis mit dem Schicksal, die Zufriedenheit mit dem einem beschiedenen Los, die Erkenntnis der Pflicht, die Harmonie mit dem Willen Gottes. Dies ist absolut gut, gut unter allen Umständen« (17. August 1871). Zu derselben Maxime bekennt sich Walser in dem Gedicht *Harmonie*, das er 1930 als Patient der Berner Heilanstalt Waldau schrieb. Nach gedämpfter Klage darüber, daß er sich durch übertriebene Selbstkontrolle fortwährend verletzt habe, schließt er mit den Versen: »Die beste Art, belehrt zu sein, / liegt im Sichselbstwillkommensein.« Im Unterschied zu Amiel kann Walser den ›Willen Gottes‹ mit halbwegs gutem Gewissen vernachlässigen, weiß er doch: »Gott ist das Nachgiebigste, was es im Weltraum gibt.« So lesen wir in *Geschwister Tanner*, und zwar läßt der Dichter dies bedeutsamerweise eine Frau sagen.

Karl Schmid hat in seinem Buch *Unbehagen im Kleinstaat* für das Denken Amiels die Formel geprägt: »Neutralität als geistiger Stil«. Er wirft die Frage auf, ob Amiels »Kultur des leidenschaftslosen Verstehens« nicht Modellwirkung für den Geist in unserem schon politisch neutralen Kleinstaat haben und darüber hinaus einer allgemeinen Kultur des Verstehens den Weg bereiten könnte. Dieselbe hoffnungsvolle Frage wäre im Hinblick auf Robert Walser, den Neutralen im Stil dichterischer Clownerie, zu stellen. Die beiden Einsamen, Introvertierten als postum wirksame Vordenker künftigen Völkerfriedens: den Untergangspropheten zum Trotz soll man auch so etwas für möglich halten.

Neue Zürcher Zeitung, 31.8./1.9.1991

Robert Walser zwischen Jesus und Nietzsche

»An die Teufel glauben – die Teufel!« sagt der »Gutmütige« in Robert Walsers *Unterhaltung zwischen dem Dämonischen und dem Gutmütigen* (1), worauf der »Dämonische« »sichtlich magert, indem er einschrumpft«. Er hat dem »Gutmütigen« Angst machen wollen mit der Anschuldigung, auf seinen Befehl hin »einen gewissen Bedachtsamen, den gewisse Leute den Schüchternen nannten«, umgebracht zu haben. Die beiden Gesprächspartner sind als zwei Seiten des Dichters zu verstehen: die gutmütige, quasi naive und die im Lauf des Lebens erstarkte intellektuelle, kritische, die sich schmeicheln möchte, jene entmachtet, ja vernichtet zu haben. Jedoch das undämonische, gutmenschliche Ich lehnt es im Bewußtscin der ihm »allezeit Lebensbegleiterin gebliebenen Bescheidenheit« nachdrücklich ab, sich die Unschuld totsagen zu lassen.

Wer aber sind die teufelsgläubigen Teufel? Übernatürliche böse Geister brauchen nicht an ihre böse Wesenheit zu glauben, sie wissen darum. Demnach meint Walser mit den Teufelsgläubigen teuflische Menschen. Doch welche? Die große Mehrzahl derer, denen der Teufelsglaube in der Jugend eingeflößt worden ist, sind keine Teufel, sind für die schlechten Früchte ihres Glaubens kaum voll verantwortlich. Sind es also die Fachmänner der Glaubenslehren, die Theologen und Prediger, die ihre Mitmenschen mit Teufel und Hölle ängstigen, um sie geistig beherrschen und wirtschaftlich ausbeuten zu können? Walser hatte trotz geringer Schulbildung genügend kirchengeschichtliche Kenntnisse, um dies mindestens in Erwägung zu ziehen (2). Aber gibt es nicht auch Theologen, die den Teufelsglauben bloß vortäuschen, und anderseits teuflische Menschen, die sich zu keinerlei solchem Glauben bekennen? Dies eingeräumt, mag Walser gemeint haben, daß derartige Menschen jedenfalls an die sich im Weltlauf bekundende Macht des Bösen und dann an sich selber als an diejenigen glauben, die solche Macht personifizieren.

Schwieriger zu beantworten ist eine andere Frage: Wie läßt sich die These des »Gutmütigen« mit Walsers vielfach bezeugter Verehrung Jesu in Einklang bringen? Die Kirchen begründen ja ihre Lehre von Teufel und Hölle rechtmäßig mit Worten Jesu. Wenn Walser die Teufelsgläubigen für Teufel hält, so müßte er vor allem ihn, den Urheber des christlichen Dämonenglaubens, für einen solchen halten. Er befände sich damit an der Seite Friedrich Nietzsches, der Jesus den »bösesten aller Menschen« genannt hat (3). In neuerer Zeit ist dieses Urteil von Erich Brock, einem Christentumskritiker, der im Unterschied zu Nietzsche am Gottesglauben festgehalten hat, bekräftigt worden: »Wir kommen endlich nicht darum herum, uns einmal ›ewige Feuerqualen‹, pausenlose, endlose vorzustellen, so weit wir das vermögen, und dann uns ernstlich zu fragen, ob diese Vorstellung nicht die teuflischste, die *absolut* teuflischste ist, die je ein Menschenhirn ausgebrütet hat.« (4)

Walser scheint die hiermit umschriebene Problematik nicht beachtet zu haben. Einen Weg zu deren Lösung wiese allenfalls seine Ansicht, man müsse sich Jesus gegenüber »mit stärkerer oder gelinderer Gebärde anbetend betragen« (5). Ist der Mann von Nazareth, wie Walser nach dieser und andern Äußerungen offenbar annimmt, ein göttliches Wesen, so hat er eben nicht geglaubt, sondern gewußt. Der relativierende Ausdruck »mit stärkerer oder gelinderer Gebärde« macht indessen klar, daß sich Walser nicht auf eine dogmatische Christologie festlegen will. Das Prosastück *Jesus* (6) beschreibt eine mystische Einsfühlung des Dichters mit dem, den er visionär als persongewordene Liebe erlebt. Er schwankt zwischen Anbetung und Einsfühlung, und wenn er als Anbetender dem jesuanischen Zeugnis vom Teufel glauben muß, so will er als selber liebender Jesusmystiker gleichwohl kein teufelsgläubiger Teufel sein. Die betreffenden Worte Jesu könnten ihn zu »gelinderer Gebärde« der Anbetung gestimmt haben. (Der Zweifel progressiver Theologen an der Echtheit dieser Worte hat keine stichhaltigen Gründe.)

So oder so bleibt der paradoxenreiche Dichter einen wenigstens formalen Selbstwiderspruch auch in der Teufelsfrage nicht schuldig. Nietzsche, bemerkte er zu Carl Seelig, habe sich »dem Teufel angebiedert« (7). Auch wenn er das Wort »Teufel« hier bloß redensartlich gebraucht hätte, so bedeutet es doch die Annahme einer grundbösen Wesenheit in der Welt. Nietzsche selber hat auch nicht an einen persönlichen Teufel geglaubt (8), aber sein Diktum, »Teufelei jeder Art« sei »zur Erhöhung des Typus Mensch notwendig« (9), rechtfertigt Walsers Urteil über ihn und beweist, daß er für Hitler einigermaßen mitverantwortlich war. Das grausige Wort ist übrigens folgerichtig, denn als Lehrer einer gutzuheißenden ewigen Wiederkehr des Gleichen mußte er alle Teufel mitgutheißen. Hinwieder hat Walser in seinem luziden Realismus nicht nur die Welt gesehen, wie sie ist, sondern sich selber dem luziferischen Nietzsche angenähert mit dem

Selbstzeugnis: »Er liebte vielleicht neben dem Redlichen und Guten auch das Böse; neben dem Schönen auch das Unschöne. Bös und gut, schön und häßlich schienen ihm unzertrennlich.« (10) Indessen sind hier die Klauseln »vielleicht« und »schienen ihm« zu beachten. Niemals hat Walser, wie Nietzsche es tat, dem Bösen förmlich Schrittmacherdienste geleistet, niemals Krieg und Verbrechen glorifiziert. Das Aperçu Max Brods, er habe die entspannende Reaktion auf Nietzsche gebracht (11), stimmt jedenfalls insofern, als der ehemalige Diener auf Schloß Dambrau in Oberschlesien und Verfasser des in einer Dienerschule spielenden Romans *Jakob von Gunten* keinen Willen zur Macht, keinen Übermenschen gelehrt hat. Konträr zu Nietzsches humorloser Wertschätzung der Größe (etwa derjenigen Cesare Borgias) hat er diese humoristisch relativiert. Undenkbar, daß Nietzsche jahrzehntelang mit einer Glätterin korrespondiert hätte wie Robert Walser mit Frieda Mermet.

Gleichwohl fehlt es, wie schon das vorstehende Zitat verrät, nicht an Gemeinsamkeiten. Walser hat wahrscheinlich ein ebenso starkes Selbstbewußtsein wie Nietzsche, nur tarnt er es besser. Beide, Nietzsche und Walser, bejahen die künstlerische ›Lüge‹ als eine das Lebensgefühl steigernde Illusionskraft, verachten Sentimentalität und das Prinzip der Nützlichkeit. Weder Walser noch Nietzsche wollen die Welt verbessern. Zu erwägen wäre immerhin, ob Walsers Bilder harmonischer gesellschaftlicher Verhältnisse, zum Beispiel das Prosastück *Phantasieren* (12), nicht doch von einem weltverbessernd-erzieherischen Impuls eingegeben sind.

Weigert sich Robert Walser, eine echte Teufelsmacht oder gar -übermacht anzuerkennen, so will er auch von einem machtausübenden Gott nichts wissen. In *Geschwister Tanner* läßt er eine Frau sagen: »Gott ist das Nachgiebigste, was es im Weltraum gibt. Er besteht auf nichts, will nichts, bedarf nichts. Etwas wollen, das mag für uns Menschen sein, aber für ihn ist das nichts (...). Das ist das Einzige an unserem Gott, daß er nur dann Gott sein will, wenn es uns gefällt, ihn als unseren Gott zu erhöhen.« (13) Vielleicht hat Walser dies darum eine Frau sagen lassen, weil es im Mund eines Mannes allzu nihilistisch getönt hätte. Jedenfalls tönt es ketzerisch, ja geradezu antibiblisch, ist doch der biblische Gott alles andere als einer, der nichts will. Man darf dabei vermuten, der verwegene Spaßmacher meine mit dem Gott »im Weltraum« bloß das menschliche Gerede vom überweltlichen Schöpfer.

Dem nichtswollenden Gott entspricht übrigens ein nichtswollender Gottessohn: »Ich bemühe mich um nichts«, erklärt Jesus in dem Dialog *Der reiche Jüngling* (14) in diametralem Gegensatz zu dem, der sich doch wohl bis zum bitteren Ende um die Herbeiführung des Reiches Gottes bemüht hat. Wir haben in Walsers Aussagen über Gott und Jesus wahrscheinlich die religiöse Projektion dessen zu sehen, was er selber und namhafte Interpreten als sein dem bewußten Willen entrücktes, schlafwandlerisches Schaffen kennzeichnen (15).

Sein Gott kann freilich unter Umständen auch anders, zum Beispiel in dem 1902 veröffentlichten Prosastück *Welt* (16), wo er zuletzt die mißlungene Schöpfung vernichtet und sich »aus Gram über seine eigene Zerstörungslust« selber auflöst. Als Korrektur dieser pessimistischen Anwandlung des jungen Walser läßt sich der dreißig Jahre später erschienene Dialog *Vier Personen* (17) auslegen. Hier bekennt der Teufel, seines unmodern gewordenen Metiers überdrüssig zu sein. Nach Maßgabe christlicher Rechtgläubigkeit wäre damit implizite seine Existenz geleugnet, denn ein Teufel, der von seinen Teufeleien eines Tages genug hat, sich der Unvernunft des radikalen Böseseins entledigt, wäre kein ernstzunehmender Widersacher Gottes. Ebenfalls zur Selbstverflüchtigung neigt in dem Vierergespräch der Engel, und der Mensch, das »Zwischending zwischen Teufel und Engel«, schreibt die Abdankungsbereitschaft beider seinem Einfluß zu, was offenbar bedeutet: seinem zunehmenden Unglauben. Gott aber, der sich frei nach Aristoteles als »die unbewegliche Bewegung« bezeichnet, beklagt seine Einzigkeit, worin sich vermutlich das eigene Einsamkeitsgefühl des Dichters kundgibt.

Es wäre nicht im Sinn Robert Walsers, sich über seine verschiedenen, einander zum Teil widersprechenden Aussagen religiösen Charakters den Kopf zu zerbrechen. Auch von ihm gilt, was Claude Mauriac von Marcel Proust konstatiert: er gehört zu den »Gläubigen ohne Glauben« (18). Wie Proust, nur in ganz anderen Lebensumständen, war er ein Selbstbeobachter und Selbstkritiker, der sich im Bewußtsein des allgemeinmenschlichen fundamentalen Nichtwissens zu keinen ›Glaubenswahrheiten‹ bekennen mochte. Soll er sich schon bekennen, dann in der Art des »Gutmütigen« der *Unterhaltung* gegenüber dem »Dämonischen«. Auf dessen Beschwörung: »Wenn Sie jetzt nicht sofort felsenfest an meine Übermenschlichkeit glauben ...«, antwortet der »Gutmütige«: »So glaube ich wenigstens an die Liebenswürdigkeit der Macht meiner mir allezeit Lebensbegleiterin gebliebenen Bescheidenheit.« Macht der Bescheidenheit? Bei Nietzsche, dem Künder des Willens zur Macht und zur Größe, wäre ein solches Credo unmöglich. Für Walser, der die Ohnmacht des Menschen kennt und annimmt, besteht die Macht der Bescheidenheit just in dieser Einsicht, weil er die Macht dämonischer Selbstherrlichkeit als im Grunde nichtig erkennt. Bedenken wir gleichwohl noch, daß der Schriftgelehrte in der Dialogfolge *Studie* (II) dem von ihm gehaßten Jesus Stolz vorwirft und ins Gesicht sagt: »Deine Bescheidenheit ist ein Raffinement ...« (19). Das könnte eine zutreffende Selbstbeurteilung Walsers sein, die aber seine Bescheidenheit nicht entwerten würde. Raffinement ist bei ihm wahre geistige Verfeinerung, wahrhaftige Selbsterkenntnis. Auf dialektische Weise, das heißt nicht ohne rechtmäßigen Stolz auf sich selber, führt diese zu wahrer Bescheidenheit.

(1) Bd. VII des Gesamtwerks (Verlag Kossodo, Genf 1966), S. 237ff.
(2) Vgl. Bd. VI (1966), S. 104f., im Prosastück *Bedenkliches*: »O bei Gott, dem Unüberwindlichen, die Kirche kann dem Menschen das Furchtbare, das sie auf dem Gewissen hat, vergessen machen und ihn locken zur Unterwerfung.«
(3) »Die Güte, mit ihrem größten Kontrast in einer Seele: es (sic!) war der böseste aller Menschen. Ohne irgend welche psychologische Billigkeit.« (*Die Unschuld des Werdens*, Stuttgart 1956, Nachlaß Bd. II, S. 343)
(4) Erich Brock, *Die Grundlagen des Christentums* (Bern 1970), S. 250. Dieses Buch, das wie kaum ein anderes die existentielle Tiefe Jesu erhellt, ist von den Theologen fast durchgängig ignoriert worden.
(5) Bd. IX (1968), S. 242, im Prosastück *Etwas über Jesus*.
(6) Bd. VI (1966), S. 155ff., das erste der *Vier Bilder*.
(7) Carl Seelig, *Wanderungen mit Robert Walser* (Frankfurt am Main 1990), S. 83.
(8) Vgl. Werke (München 1955), Bd. II, S. 286.
(9) Werke (München 1956), Bd. III, S. 468.
(10) Prosastück *Der Arbeiter*, Bd. III (1967), S. 112.
(11) Max Brod, *Kommentar zu Robert Walser*, in dem Essayband *Die Schönheit häßlicher Bilder* (Wien und Hamburg, 2. Auflage 1967). Zitiert nach Katharina Kerr (Hrsg.), *Über Robert Walser*, Bd. I (Frankfurt am Main 1978), S. 78ff.
(12) Bd. VI (1966), S. 167f.
(13) Bd. IV (1967), S. 96.
(14) Bd. VIII (1967), S. 501f.
(15) Vgl. Roberto Calasso, *Der Schlaf des Kalligraphen*, in: Katharina

Kerr (Hrsg.), *Über Robert Walser*, Bd. III (Frankfurt am Main 1979), S. 133ff.
(16) Bd. I (1972), S. 130f.
(17) Bd. VIII (1967), S. 515ff.
(18) Claude Mauriac, *Marcel Proust* (Reinbek bei Hamburg 1958), S. 108.
(19) Bd. VIII (1967), S. 508.

Schweizer Monatshefte, April 1992

Zwei ungleiche Friedensfreunde
Unpolitisches zur Armeefrage

Im März 1917 saß Pierre Ceresole, damals Ingenieur bei Brown Boveri, wegen Nichtbezahlung der Militärpflichtersatzsteuer einen Tag lang in einer Gefängniszelle des Stadtturms von Baden. Dies war der Anfang einer durch hohen Gesinnungsadel gekennzeichneten, dornenreichen Pazifistenlaufbahn. Ceresoles nachmalige Gründung, der pazifistisch motivierte *Service Civil International* für werktätige Hilfe in notleidenden Gebieten, lebt in der Schweiz und in vielen andern Ländern fort. Der von ihm, dem Sohn eines Bundesrats und Korpskommandanten, geforderte Verzicht der Schweiz auf Waffengewalt blieb hingegen unverwirklicht. Er wird wohl auch durch die im November zur Abstimmung kommende Initiative der *Gruppe Schweiz ohne Armee* nicht verwirklicht werden. Der wesentliche Grund der vorauszusehenden Verwerfung ist kaum ein besonderer Militärfimmel des Schweizervolkes, er ist in der bisherigen Beschaffenheit des Völkerlebens und in der Naturbeschaffenheit überhaupt zu suchen. Wäre die Natur insgesamt ein Friedensreich, so wäre es auch die Völkergemeinschaft. Wenn sich der Mensch moralisch genügend von der Natur emanzipieren kann, mag ein künftiger dauerhafter Völkerfrieden möglich werden. Es bedürfte dazu einer globalen Einheit in humaner Grundgesinnung, von der wir noch weit entfernt sind. Noch gibt es enorme geistige Unterschiede nicht nur zwischen den sogenannten Primitiven und den Kulturvölkern, sondern auch innerhalb dieser selber. Miteinander konkurrierende, einander widerstreitende religiöse, politische und sonstige Lehren sind ständige potentielle Ursachen gewalttätiger Auseinandersetzung. Damit, daß sich eine der vielen Wahrheitslehren als die eigentlich wahre erweisen und durchsetzen wird, ist nicht zu rechnen.

Der oft maßlos übersteigerte Wahrheitsanspruch des Christentums ist im Lauf des 20. Jahrhunderts nicht glaubwürdiger geworden. Ceresole, der sich in späteren Jahren den dogmenfreien Quäkern anschloß, hat dem kirchlichen Christentum bitter vorgeworfen, es verrate den evangelischen Friedensgeist und liebedienere häufig sogar dem nationalistischen Ungeist. Leider war er nicht bibelkundig genug, um in dieser Frage klarzusehen. Das ›Wort Gottes‹, zu dem sich die Kirchen, wiewohl in verschiedener Weise, bekennen, ist keine verläßliche Stütze des Pazifismus. Neben einem allgemeinen göttlichen Tötungsverbot enthält das Alte Testament grauenhafte göttliche Kriegsbefehle und Kriegsgesetze, und das neutestamentliche Gebot der Feindesliebe scheint bloß für die Beziehung zwischen einzelnen, als Bedingung des persönlichen Seelenheils, zu gelten. Weder Jesus noch Paulus haben ein Wort gegen den Krieg als solchen gesagt. Die Kirche hat daraus bald einmal das politisch Opportune gefolgert, das heißt den Kriegsdienst zur Christenpflicht erklärt. Schon etwa hundert Jahre nach der staatlichen Anerkennung des Christentums durch Konstantin den Großen konnte der Theologe und Kirchenhistoriker Theodoret konstatieren, was sich in allen Jahrhunderten seither bewahrheitet hat: »Die geschichtlichen Tatsachen lehren, daß uns (der Kirche) der Krieg größeren Nutzen bringt als der Frieden.«

Ein anderer schweizerischer Friedensfreund, der Dichter Robert Walser, hat wohlweislich nicht mit der Bergpredigt gegen das Wehrwesen argumentiert. Dem Gebot Jesu, dem Übel nicht zu widerstehen, hat er freilich auf seine Dichterart nachgelebt. Während des Ersten Weltkriegs erfüllte er mit gutwilligem Humor, wenn auch in den Augen der Offiziere »e fuule Chaib«, seine vaterländische Pflicht als Füsilier. Gleichzeitige feuilletonistische Schilderungen des Soldatenlebens würzte er indessen mit satirischen Bemerkungen wie der folgenden: »Was denkt ein Soldat viel so den ganzen Tag? Er hat ja überhaupt, damit das Ding klappt, das man Militarismus nennt, gar nichts oder absichtlich wenig zu denken.« Später, in einem Prosastück von 1925, vermerkte er »mit kühler Empörtheit, ... daß in einem kleinen europäischen Land jährlich achtzig Millionen für Militärzwecke verausgabt werden«. Doch forderte er dieses Land nicht zur Abschaffung der Armee auf, verlangte von seinen Landsleuten keinen pazifistischen Helden- oder Heiligenmut, sondern meinte nur ganz allgemein, »daß Staaten anfangen sollten, mehr Vertrauen zu bekunden«. In dem, was Politiker und Historiker Kriegsursachen nennen, sah er bloße Vorwände, in den Kriegen selber »weiter nichts als Geschöpfe unserer Unvorsichtigkeiten ..., Unzufriedenheitsentstiegene, denn auch in Friedenszeiten ›bekämpfen‹ wir uns ja immer«. Von den Kundgebungen der pazifistischen Intellektuellen hielt er nicht viel. »Wenn die Welt aus den Fugen ist«, schrieb er im Kriegsjahr 1917 an Hermann Hesse, »so nützt die Anstrengung von zwanzigtausend tollen Hamleten wenig oder nichts.« Gleichwohl hat sich Walser nicht denen zugesellt, die der Ansicht sind, weil es seit Menschengedenken Kriege gegeben habe, werde es sie in aller Zukunft geben. In mehreren Prosastücken hat er Bilder eines von Grund auf friedlichen und freiheitlichen Menschentums entworfen, die als Zeugnisse seiner eigensten Sehnsucht aufzufassen sind.

Heute, so können wir uns vorstellen, würde Robert Walser zwar weiterhin das internationale Mißtrauen tadeln (*con sordino* etwa das westliche gegen Gorbatschow), jedoch kaum der Initiative der Armeegegner zustimmen. Anderseits hätte er aus untergründiger Sympathie für Pazifisten vom Schlage Ceresoles vielleicht ebenso starke Hemmungen, nein zu stimmen. Er könnte die Stimmenthaltung mit seinem jahrzehntelangen Status als dem öffentlichen Leben abgestorbener Insasse einer psychiatrischen Klinik entschuldigen. Zudem könnte ihn auch die Erinnerung an die erwähnten utopischen Prosastücke, mit denen er doch eine Weltverbesserungshoffnung erweckt hatte, vom dezidierten Nein abhalten.

Dabei wüßte er, daß diese Dichterträume erst dann eine Chance der Verwirklichung hätten, wenn über entsprechende Abschaffungsinitiativen in der ganzen Welt abgestimmt würde, der Schweiz somit ein gefährlicher Alleingang erspart bliebe. Hoffen wir also, die *Gruppe Schweiz ohne Armee* werde bald einmal durch eine zur Menschheitserziehung begabte *Gruppe Welt ohne Armeen* abgelöst werden.

Unchristliche Nachschrift

Dieser Aufsatz war schon geschrieben und der Redaktion abgeliefert, als ich im *Badener Tagblatt* vom 29. August die Glosse *Pastoral geklunkert* von (go) las. Was ich im vorstehenden sage, konstatiert (go) ebenfalls: Jesus scheint gegen den Krieg als solchen nichts gehabt zu haben, er war kein Pazifist im Sinn Pierre Ceresoles. Nun kann man gewiß der

Ansicht sein, er habe, ähnlich wie in unserer Zeit Robert Walser, im Krieg eine Ausgeburt der summierten individuellen Unfriedlichkeiten gesehen und eben nur von diesen abmahnen wollen. Doch hat er ja nicht bloß Menschenliebe gepredigt, sondern auch Liebe zu Gott, und zwar zum Gott seines Volkes. Er habe, bemerkt (go) wohl zutreffend, die *Heilige Schrift* gründlich gekannt. Also hat er auch jene hauptsächlich im zwanzigsten Kapitel des fünften Buches Mose enthaltenen Kriegsgesetze gekannt, in denen Gott die Ausrottung der Urbevölkerung Kanaans befiehlt. Das Buch Josua und andere Partien des Alten Testaments berichten von entsprechenden Taten. Mochte sich Jesus mit einigem Recht besonderer Proteste gegen den Krieg enthalten, so hätte er doch dem »Herrn der Heerscharen«, als dem Gegenteil seines liebenden Vaters im Himmel, entschieden absagen müssen. Weil er dies nicht getan hat, ist das heillose christliche Verwirrspiel zwischen alt- und neutestamentlicher Ethik und damit die greuelvolle Geschichte der Christenheit möglich geworden. »Für die Theokraten aller Jahrhunderte«, sagt Rudolf Hernegger in seinem Buch *Macht ohne Auftrag*, »wird das Alte Testament zur unerschöpflichen Quelle, mit der sie jede Art von Gewalt und Grausamkeit als gottgewollt beweisen.« Die einschlägigen Tatsachen schildert Karlheinz Deschner in seiner auf zehn Bände angelegten *Kriminalgeschichte des Christentums*, von der die ersten zwei Bände erschienen sind.

Badener Tagblatt, 9.9.1989

IV. »Reich bin ich durch ich weiß nicht was«
Robert Walser als Lyriker

»Reich bin ich durch ich weiß nicht was«
Zu den »Unbekannten Gedichten« von Robert Walser

Mit freundschaftlicher Hingabe betreut Carl Seelig die Werke des vor drei Jahren verstorbenen Robert Walser. Das Bändchen, das er kürzlich mit einem aufschlußreichen Nachwort im Verlag Tschudy (Sankt Gallen) hat erscheinen lassen, enthält 72 bisher ungedruckte oder bloß in Zeitungen und Zeitschriften veröffentlichte Gedichte Walsers. Von diesen Versgebilden wird kaum eines in lyrische Anthologien eingehen, es sei denn in eine solche der Eigenwilligen und Außenseiter, die sich der stilkundlichen Abstempelung entziehen. Bei Walsers Eigenwilligkeit liegt der Ton auf dem »Eigen«, sie hat wenig Willensmäßiges, Absichtliches an sich. Sie war, wie Seelig schreibt, »immer da, auch wenn sie sich in das unscheinbarste Alltagsgewand versteckte«. Darum ist sie auch die gleiche und äußert sich gleich stark in den Prosawerken und in den Versen. Hier wie dort bemerken wir eine überaus empfindsame Subjektivität, eine Gemütslage, die ihren Träger vom Alltag und vom Durchschnitt der Menschen abhebt und damit zu einem ungewöhnlichen Maß von Leiden prädestiniert. Was aber bei andern hochgradig subjektiven Dichtern die Sprache der Satire oder Klagen des Weltschmerzes zeitigt, erblüht bei Walser seltsamerweise zu einem innig-zärtlichen, wenn auch von ironischen Tönen begleiteten Lob des Daseins. »Reich bin ich durch ich weiß nicht was ... « »Wie lieb das Dasein sein kann!« »Oh, wundervoll ist's auf der Erde ... « Diese und sinnverwandte, ebenfalls im vorliegenden Büchlein anzutreffende Sätze kennzeichnen das Lebensgefühl Robert Walsers. Wörter wie »lieb«, »nett«, »hübsch«, »zart«, »sanft«, »schön«, »hold«, »zierlich«, »fein«, »mild« kommen fast auf jeder Seite vor. Der Dichter spricht das eigene Empfinden aus, wenn er zu einem toten Mäuschen sagt:

»Du warst über bloßes Dasein
Offenbar schon riesig froh ... «

Demgemäß betrachtet er den Lebensweg des Mäuschens hauptsächlich unter dem Gesichtspunkt, von wieviel Menschensorgen und Menschenpflichten es befreit war. Auf es überträgt er in seiner liebenswürdig schalkhaften Sprache, was Jesus von den Vögeln unter dem Himmel und von den Lilien auf dem Felde gesagt hat. Er, der sich für konfessionelles Christentum wenig interessierte, war ein echter Zeuge der christlichen Sorgenfreiheit, denn er hat sie gelebt.

Ist in seiner Prosa immer der Poet gegenwärtig, ein Geist der weltfreien Weltliebe, so scheint er sich einen Spaß daraus zu machen, seine Poesien mit allerhand Prosaismen zu befrachten. Anders als Heinrich Heine, der kunstreich geschaffene Stimmungen jeweilen am Ende des Gedichtes durch eine spöttische Floskel zerstört, legt es Walser gar nicht darauf an, lyrische Illusionen zu erzeugen, sondern bewegt sich sozusagen durchwegs in einem sprachlichen Négligé, an dem dann freilich wie von ungefähr die Zierate eines Magiergewandes aufblitzen können. Er denkt an das Gewöhnlichste:

»Das Fleisch, das Bier, das Brot,
Das man verbraucht an allen Tagen,
Wie soll ich dies nur hurtig sagen?«

Vor dieser Frage der philosophisch gestimmten Verwunderung erhebt sich das Gedicht unvermittelt zu der Apostrophe »Du immer mich durchzieh'ndes Sehnen« und endet nach einer erotischen Schelmerei wiederum romantisch:

»Mein Sehnen und das Sehnen aller andern
Bunt durcheinander wandern.«

Der ungenierte Sprachspieler scheut auch die massive Derbheit nicht. Den verunglückten Ozeanflieger Nungesser redet er folgendermaßen an:

»Hier widme ich dir stolzem, dummem Keibe
Ein scheinbar wahrhaft herrliches Sonett.«

In diesem zweiten Teil obsiegt dann die Höflichkeit des Herzens, die bei Walser stets das letzte Wort hat:

»Doch dir ist längst im stillen Meeresschlunde
Wohl, und nachdem ich dir Frivoles sagte,
Schien es mir schicklich, daß ich dich beklagte.«

Auch eine redlich gemeinte Huldigung formuliert der Dichter unfeierlich, spielerisch und schnörkelhaft. Ein Gedicht auf Knut Hamsun schließt mit den Versen:

»Beinah wie ein sagenhafter Schwan
Schwamm diese Lit'ratur auf mich heran.«

Wortmißhandlungen wie »Lit'ratur«, »natürl'cher«, »flamm'nde«, »Trau'r« sind häufig wiederkehrende Sprachscherze, ebenso abnorme Wortstellungen, zum Beispiel: »Ich jetzt wohl zu rein nichts mehr tauge« – als wollte der Verfasser durch Übertreibung der poetischen Lizenzen die Verskunst überhaupt lächerlich machen.

Auf dem Gebiete der skurrilen Dichtung gibt es nicht viel, was mit Walsers Versen vergleichbar wäre. Am verwandtesten ist ihm wohl Joachim Ringelnatz, dessen er in einem Aprilgedicht auf echt walserische Art gedenkt: »Das Wetter gab sich ringelnatzig...« (Ähnliche Wortbildungen: »aprillelig«, »wirtshäuselig«, »potsdamersträßelig«.) Als weibliche Artverwandte wäre die Aarauerin Mary Stirnemann-Zysset zu nennen, nur daß man bei dieser den Verdacht hat, die Komik ihrer Verse sei eine unfreiwillige. Walser dagegen gibt sich bei aller absonderlichen, zuweilen auch platt oder kindisch anmutenden Äußerungsweise immer wieder als bewußter Ironiker zu erkennen. Ironisch verhält er sich besonders zur bürgerlichen Gesellschaft, zu den »Gefang'nen ihrer Mittelmäßigkeit«. Anderseits kennt er wie Thomas Mann – der freilich mit der Gesellschaft vorteilhafter zu paktieren wußte – die Sehnsucht nach den »Wonnen der Gewöhnlichkeit« und ergeht sich in allen Finessen der Selbstironie.

In einem Brief aus der letzten Periode seines dichterischen Schaffens meldet Walser, er habe »eine Art Tagebuch in Form von einzelnen, von einander total unabhängigen Gedichten« geschrieben. Den damit gegebenen Charakter zeigen die meisten Stücke unseres postumen Bändchens. Es sind, wie in breiterer Ausführung auch die Romane und Erzählungen Walsers, dem eigenen Erleben und Sinnieren entsprossene Arabesken, Bruchstücke einer verschleierten Autobiographie. Als Vorzeichen dafür, daß dieses Dichterleben in der Geisteskrankheit enden mußte, könnten manche Züge eines allzu wunderlichen Humors gedeutet werden. Aber wahrscheinlich haben wir schon zu viel gedeutet und analysiert:

Wie uns Carl Seelig verrät, war Robert Walser den analytischen Interpretationen abhold. Das Schönste über sein Dichtertum hat er selber gesagt in einem Aufsatz, der dem Nachwort des Freundes angefügt ist. »Ich dichtete«, lesen wir da, »aus einem Gemisch von hellgoldenen Aussichten und ängstlicher Aussichtslosigkeit, war immer halb in Angst, halb in einem beinah übersprudelnden Frohlocken.«

Handschriftlich korrigiertes Typoskript zu einer Rezension im Badener Tagblatt, 29.8.1959

Zu einem schwachen Gedicht
Robert Walsers

Robert Walser war zweiundzwanzigjährig, als um 1900 sein lyrisches und lyrisch-dramatisches Jugendschaffen zu Ende ging. Während des darauffolgenden Vierteljahrhunderts entstanden, neben dem rasch wachsenden Prosawerk, nur wenige Gedichte. Dann aber, von 1925 bis zum endgültigen Versiegen der Schaffenskraft, 1933, schrieb Walser deren mehr als zweihundert.

Die Mehrzahl dieser Versgebilde wurde in Zeitungen und Zeitschriften, hauptsächlich in der *Prager Presse* und im *Prager Tagblatt,* gedruckt. Otto Pick brachte in der *Prager Presse,* wie Walser selber berichtet hat, Verse von ihm, »die von anderen Zeitungen wie Bumerange zurückflogen« (Carl Seelig, *Wanderungen mit Robert Walser*). Max Brod, damals Feuilletonleiter des *Prager Tagblatts,* mußte sich um der Aufnahme solcher Verse willen vom Chef anknurren lassen. Carl Seelig, dem es gewiß nicht an Respekt vor Walsers Dichtertum gefehlt hat, bemerkte im Nachwort zu den *Unbekannten Gedichten,* einer von ihm besorgten Auswahl aus der genannten Produktion, die in Prag gedruckten Verse seien »zum großen Teil wirklich schwach, ja oft kindisch« gewesen.

Tatsächlich ist Robert Walsers späte Lyrik großenteils nichts anderes als in Versform gebrachte, inhaltlich oft banal oder skurril anmutende Prosa. Indessen kannte Walser die geltenden literarischen Maßstäbe sehr wohl. Er hätte kaum acht Jahre lang gegen sie weitergedichtet, wenn er bloß durch Ermüdung, durch Erlahmen der Gestaltungskraft auf diese Dichtweise gekommen wäre. Die Ermüdung war da, zugleich aber der Antrieb, mit den verbleibenden Kräften bewußt *gegen* die literarischen Maßstäbe zu dichten, Verse zu schreiben, die der von George, Rilke, Borchardt und anderen geschaffenen hochverfeinerten, teilweise exklusiven Sprachkunst sozusagen – auf Walsers sanfte Art – ins Gesicht schlugen. Er hat solche Absicht nicht ausdrücklich bekundet, sie läßt sich jedoch, samt den kulturkritischen Gründen, aus gelegentlichen Äußerungen erschließen, etwa aus den Worten des Prosastückes *Tagebuchblatt* (des dritten so betitelten in der Gesamtausgabe):

»Das Leben ist zu roh geblieben; dagegen ist die Kunst verhältnismäßig zu ästlich, zweiglich, zu zart und zu fein geworden. Nach mir ginge es uns allen besser, wenn sich die Kunst kräftig gäbe, dafür aber das Leben lieb und fein.«

Es bleibe dahingestellt, wie stark der Anteil der ›antipoetischen‹ Tendenz sei und wie es sich mit deren Recht oder Unrecht verhalte. Zugunsten der späten Gedichte Robert Walsers ist mindestens zu sagen, daß manche von ihnen bei näherer Betrachtung einen bedeutsamen Sinngehalt erkennen lassen. Als Beispiel dafür diene das Gedicht *Ritterromantik*, das am 19. Februar 1933 in der *Prager Presse* erschienen, aber nach den Manuskript-Untersuchungen von Jochen Greven schon 1925 entstanden ist:

»Eine Ehepärchen stand an eines zack'gen Felsens Rand,
der Ritter hielt umklammert seinen Gegenstand der
                                               Schand.
›Wir stürzen uns gemeinsam nun von dieser hohen Wand,

die Aussicht uns gestattet in das duftumwobne Land,
hinunter in des tiefen Abgrunds wunderlichen Tand.‹
›Hoffentlich fallen wir auf nichts als sammetweichen
              Sand‹,
geistreich und nett zu sagen sie auch jetzt den Mut noch
              fand.
Die leichte Äußrung ihn sogleich zur Höflichkeit
              verband,
besänftigt gab der Ritter seiner lieben Frau die Hand.«

Unter dem ersten Eindruck ist man geneigt, diese Verse für das Erzeugnis einer schrulligen, abwegigen Phantasie zu halten. Abwegig erscheint auch die Form, der schleppende jambische Siebenfüßler und der durchgängig gleiche Reim. Aber die Anhaltspunkte für eine mögliche Deutung sind bei einiger Kenntnis von Walsers Leben und Werk nicht zu verfehlen. Das Werk ist zur Hauptsache Selbstdarstellung in vielerlei Verkleidungen, im Ritter somit wahrscheinlich Walser selber zu sehen. Ein mannigfach abgewandeltes Spezialmotiv seiner Selbstbildnisse ist das Verhältnis zur ›Geliebten‹ oder zur ›Frau‹, zu dem Wesen, das nach älterer Konvention Muse genannt wird. Bei der ›Geliebten‹ hat man mehr an die Muse des ungebundenen Dichtertums, bei der ›Frau‹ an die der berufsmäßigen Schriftstellerei zu denken. Auf den Unterschied legt Walser, der auch als Schriftsteller Dichter zu bleiben wußte, nicht viel Gewicht. Der Ritter und seine Frau sind also der Dichter und seine Muse – die Muse als Personifikation des gestaltfordernden selbsteigenen Idealverstandes, im Sinne dessen, was Robert Faesi in *Spittelers Weg und Werk* am Beispiel Spittelers dargelegt hat.

 Welcher Lebenssituation sind die neun Verse zum Gleichnis geworden? Früh hat Walser die Zerbrechlichkeit seiner

Dichterexistenz erkannt. »Die Arme und Beine werden mir seltsam erschlaffen, der Geist, der Stolz, der Charakter, alles, alles wird brechen und welken, und ich werde tot sein, nicht wirklich tot, nur so auf eine gewisse Art tot … «

Dies hat der Dreißigjährige in dem Tagebuchroman *Jakob von Gunten* sich selber prophezeit. Das Gemütsleiden der Mutter, die traurigen Schicksale der Brüder Ernst und Hermann, die eigenen Krisen in Berlin und Biel waren unheildrohende Wegzeichen. Seit Robert Walser 1921 nach Bern gezogen war, hatte er in Zeitungen und Zeitschriften viele Prosastücke, aber jahrelang kein Buch mehr veröffentlichen können. Die 1925 erschienene Prosasammlung *Die Rose* fand wenig Anklang, wovon er bei der Niederschrift von *Ritterromantik* vielleicht schon Kenntnis hatte. Durch Verlage und Redaktionen erfahrene Ablehnungen wirkten drückend auf die Schaffensfreude. Vorgänge, von denen wir teils durch ihn selber, teils durch Drittpersonen unterrichtet sind, lassen auf einen krankhaft überreizten Gemütszustand schließen. »Eine Zeitlang«, schrieb er an die junge Verehrerin Resy Breitbach, »hielt man mich hier für wahnsinnig und sprach laut in unseren Arkaden bei meinem Vorübergehen: er gehört in eine Irrenanstalt.« In der nahen Anstalt Waldau war 1916 der an Schizophrenie erkrankte Bruder Ernst gestorben.

Dies also, die Geisteskrankheit, ist der Abgrund, vor dem sich der Dichter mit seiner Frau, der Muse oder Seelengöttin, stehen sieht. Er hält sie umklammert. Von ihr zu lassen, sie zugunsten eines ›normalen‹ Lebens zu verleugnen, sich in den einstigen Commisberuf oder sonst eine bürgerliche Stellung zurückzuretten, kommt nicht in Frage. Die Umklammerung kann aber auch einen unguten Aspekt haben, den der krankhaften, unfreien Identifizierung mit dem Ideal.

Gegenstand der Schande ist die Seelengöttin ihrem Dichter in mehrfacher Hinsicht. Sie hat ihm zu keinem nachhaltigen Erfolg, keinem auskömmlichen Erwerb verhelfen können. Sie war eine so eigensinnige Frau, daß er in ihrem Dienst – die Welt jedenfalls sieht es so – zum Eigenbrötler, zum befremdlichen Abseitigen geworden ist. Oder hat er selber ihren höchsten Ansprüchen nicht genügt, spiegelt ihm ihr Anblick die eigene Schande? Besteht diese insbesondere in der nun fühlbar werdenden Ermüdung, in der Unfähigkeit, die Rolle des Dichterclowns im reiferen Alter weiterzuspielen? Einiges spricht für diese Deutung, anderes gegen sie. In dem 1929 erschienenen Gedicht *Aus Rücksicht* bekennt Walser, wenn es ihm nur auf sich selber ankäme, wäre er längst alt und müde, aber:

»Aus Rücksicht auf das Weltgemüt
hielt ich das Altern für verfrüht.
Weil ich nicht andere ermüden soll,
bin ich von Unermüdetheiten voll.«

Die Selbstgewißheit wird durch kritische Selbsterkenntnis nicht im Grunde erschüttert. So kann gemeint oder mitgemeint sein, die Göttin sei Gegenstand im Sinne von Widerpart, indem sie der schändlichen Gleichgültigkeit der Gesellschaft gegen den Dichter und der geistwidrigen ›Wirklichkeit‹ insgesamt entgegensteht. Sie wäre dann im Wesenskern mit Spittelers Trotzglauben eins: »Mein Herz heißt ›Dennoch‹.«

Gemeinsam in den Abgrund! In der Form der freien Selbstbestimmung, der Selbstbestimmung zur Krankheit wird das angekündigt. Einen allfälligen Argwohn, Walser habe sich durch Simulation den Lebensschwierigkeiten entziehen wollen, entkräften die vielfach belegten Krankheitssymptome, deren Echtheit schwerlich anzuzweifeln ist, und das von ihm oft bewiesene Ethos der Wahrhaftigkeit. Aber die vorausgeahnte, zuinnerst schon gegenwärtige Krankheit wird *per amorem fati* angenommen und insofern in den eigenen Willen aufgenommen. Eine Art Entschluß zur Krankheit hat er auch einem Dichter zugeschrieben, den er liebte, obschon er als Dennoch-Humorist fast antipodisch zu ihm stand: »Hölderlin hielt es für angezeigt, das heißt für taktvoll, im vierzigsten Lebensjahr seinen gesunden Menschenverstand einzubüßen, wodurch er zahlreichen Leuten Anlaß gab, ihn aufs unterhaltendste, angenehmste zu beklagen.« *(Geburtstags-Prosastück)*. Die Erinnerung an Hölderlins Dichten und Gehaben in der Zeit des Wahnsinns bestimmte vielleicht, was Walser vom Abgrund sagt. Der Krankheitsausbruch, der Sturz über den zackigen Felsen hinunter, wird schmerzhaft sein – er war es tatsächlich, wie die Nachrichten über die Vorgänge kurz vor und nach der Internierung, Anfang 1929, beweisen. Der Abgrund selber hingegen birgt in den Augen des Ritters keine dämonischen Schrecken, sondern »wunderlichen Tand«.

Meint Walser, er werde als Kranker spielerisch-wunderliche Verse schreiben wie Hölderlin? Da er die Muse gleichsam in den Abgrund mitnehmen, ihr im Geiste treu bleiben will, so wird er weiterhin, wenigstens innerlich, ein musisches Dasein führen dürfen. Um so mehr darf er dies erhoffen, als er jetzt die Kraft aufbringt, am Abgrund stehend schwindelfrei der Aussicht zu gedenken, die der gefährliche Standort gewährt. Du, Göttin, besagt die ritterliche Geste, hast mich in die Gefahr geführt, aber in höchster Gefahr noch erkenne und würdige ich, was du mir offenbarst, das »duftumwobene Land« der Poesie. Und wir dürfen zu der

Aussicht auch jenes ästhetisch-moralische Utopien hinzudenken, das Robert Walser in Prosastücken wie *Seltsame Stadt* und *Phantasieren* und in einigen späten Gedichten geschildert hat.

Zum besseren Verständnis der Antwort der Rittersfrau mag ein Vergleich zwischen ihr und der »Strengen Frau« Carl Spittelers dienlich sein. Im Zirkus der Literatur, *sit venia verbo*, war Spitteler der Tierbändiger, Walser der Clown (Spitteler in den Augen des Irrenhausinsassen Walser, laut Gespräch mit Seelig, »ein Irrenarzt, der als kleiner Herrgott über den Narren thronte«). Robert Faesi hat das Werk Spittelers als Willenskunst gekennzeichnet. Walser, der gern den Taugenichts spielte, wollte sein Dichten lieber als Schlafkunst verstanden wissen, er sah sich »mit der wie im lächelnden Schlafzustand hervorgebrachten gesammelten Sammetheit seines Werkes« die Nachwelt beeindrucken *(Schnori)*. Eine »Strenge Frau«, eine weihevolle Seelengöttin, wie sie Spitteler seinem Viktor im Roman *Imago* und seinem Prometheus gab, konnte der Clown nicht brauchen. »Mit Pathos bist du nun geprägt und mit Größe gestempelt« *(Imago)*, durfte er sich von *seiner* Göttin nicht sagen lassen, mußte jedenfalls um der durchzuhaltenden Clownsrolle willen so tun, als nehme er es mit dem Musendienst weniger ernst. »Eine begleitet mich beständig, die sich nicht um mich kümmert. Was und wie sie ist, schwebt um mich. Sie spricht mit mir, bald heiter, das heißt ich lasse sie nie anders als ernst mit mir reden. Ich habe sie so, wie ich sie mir am liebsten denke, mache mit ihrer Erscheinung, was ich will, jage sie oft weg, brauche nicht zu fürchten, ich verlöre sie. Wenn sie wüßte, wie lieb sie mir ist, wie ich mit ihr verfahre, würde sie unwillig, aber kann sie mir das Denken verbieten?« *(Der Liebende und die Unbekannte)* In dem Prosastück *Die Ein-*

zige, das Robert Walser in Eduard Korrodis Exemplar der frühen *Gedichte* schrieb, gibt er die höflichere umgekehrte Version: »Ist man frech zu ihr, so hat sie bloß ein herrliches Verwundern. Ich habe sie schon ein paar Mal besungen, doch einstweilen ungenügend. Sie jagte mich weg; ich habe darüber fröhlich gelacht, als wenn sie mir eine Nacht bewilligt hätte, die den Dichter kalt läßt, da ihm seine Phantasie ihre Glieder längst zu sehen erlaubte.«

Wenn die betreffenden autobiographischen Werkpartien glaubwürdig sind, hat er sie tatsächlich oft weggejagt oder sich wegjagen lassen, das heißt das Leben sporadisch der Kunst vorgezogen. So wichtig wie Spitteler oder – in anderer Form – Thomas Mann hat Walser, der hierin glücklicher Goetheaner war, den Gegensatz überhaupt nicht genommen:

> »Noch hat der Zwiespalt zwischen Lebenswunsch und
> Schaffensdrang mich nie gar lang belästigt,
> Natur und ein Glas Wein in einem Landgasthaus haben
> mich jeweils hübsch in mir befestigt.«
> *(Couplet)*

Eine bedingte Parteinahme für das Leben ergab sich daraus, daß er von Größe und Ruhm des entsagenden Schaffens skeptischer dachte als Spitteler. Zu Spittelers Prometheus sagt die Seelengöttin: »Doch hinter allem diesem naht der hohe Tag, der Tag des Ruhms ... « Walser dagegen erklärt: »Ich möchte gerne berühmt sein, aber unter kraftvollen, edleren Menschen!« *(Ein Maler)* Und später gar: »Wir alle sollten uns sagen, daß wir klein bleiben, daß von Werden und Wachsen, von tatsächlich gut und groß werden bei den meisten keine Rede ist, auch bei mir nicht.« *(Reisebericht)*

Blicken wir auf das Gedicht zurück, so finden wir das eben Gesagte gleich am Anfang bestätigt. Das Diminutiv »Ehepärchen« wirft ein ironisches Licht auf den ohnhin von Ironie umwitterten Titel und macht eine heroisierende Darstellung des Folgenden unmöglich. Walser, von Zeitgenossen gelegentlich als *poeta minor* betrachtet, erklärt sich mit dem Kleinheitsgefühl einverstanden. Er beharrt nicht einmal auf der Erhabenheit der Herrin, auf der Größe der *Idee* seines Dichtertums. Ist er bloß ein Herrchen (»Robertchen Walserchen« unterschrieb er einst einen Brief), mag die Muse bloß ein Frauchen sein.

Aber, auch da wieder, was für ein eigensinniges Frauchen ist sie! Weder lehnt sie sich gegen die makabre Ankündigung auf, noch rückt sie sie in heroisch-tragische Beleuchtung, noch stimmt sie einfach zu. Leise berichtigt, verbessert sie die Erwartung des Mannes. Die Krankenbeschäftigung mit »wunderlichem Tand« könnte noch zu anstrengend sein: leben wir daher ein Leben formlos wie Sand, jedoch mit dem fortdauernden Gefühl der samtenen Seelenbeschaffenheit! (»Vor allem bin ich mit kostbarem, kaltem Samt bekleidet ... «, sagt der Gleichgültige in dem Prosastück *Ein ganz klein wenig Watteau.*)

»Geistreich und nett« – eine Muse mit Verstand, eine quasi humane Göttin! Der Dichter weiß die Antwort zu schätzen. Noch im Verzicht auf wahrnehmbares Gestalten versteht sein dialektischer Geist die unmittelbar dem Innern geltende musische Gestaltforderung. Die Untergangsstimmung weicht, der Krampf der Umklammerung löst sich. Er gibt der Führerin die Hand, wird mit ihrer unsentimentalen Gelassenheit eins. In kritischer Stunde bewährt sich die Höflichkeit, die ihn so oft gegen gesellschaftliche Verletzung geschützt hat, im Umgang mit dem idealen Selbst. »Die beste

Art, belehrt zu sein, / liegt im Sichselbstwillkommensein«, so schließt das 1930 entstandene Gedicht *Harmonie*.

Zweifelhaft bleibt, ob sich der Sturz dauernd vermeiden lasse. Vielleicht ist er eben durch dieses Gedicht schon erfolgt, der Schritt in die Krankheit mit dem Blick auf sie getan. Fassen wir es so auf, so sehen wir *beide* Erwartungen durch die Folgezeit bewahrheitet, und zwar, wie es der Dichter wohl nur vage hat ahnen können, eine nach der andern. Acht Jahre noch, davon die zweite Hälfte in der Heilanstalt Waldau, sind dem »wunderlichen Tand« der späten Gedichte und Prosastücke eingeräumt. Hierauf folgt der »sammetweiche Sand«, die völlig unproduktive, aber nicht unglückliche Zeit in der Heilanstalt Herisau, 1933 bis zum Tode, 1956. Von Walser selber gilt, was er im zehnten Jahr seines dortigen Aufenthalts zu Carl Seelig gesagt hat: »Ich bin überzeugt, daß Hölderlin die letzten dreißig Jahre seines Lebens gar nicht so unglücklich war, wie es die Literaturprofessoren ausmalen. In einem bescheidenen Winkel dahinträumen zu können, ohne beständig Ansprüche erfüllen zu müssen, ist bestimmt kein Martyrium.«

Ob Robert Walser zu vorliegendem Deutungsversuch Ja und Amen sagen würde? Er wäre vielleicht, wenn er ihn in den Grundzügen richtig fände, ein wenig ärgerlich über die ›Entlarvung‹. Hatte er's doch mit seinen späten Gedichten darauf angelegt, an der Seite des »schlesischen Schwans«, Friederike Kempners, und verwandter Originale auf dem Parnaß zu rangieren.

Neue Zürcher Zeitung, 9.6.1968

Robert Walsers »Lieblosigkeit«
Zu einem Gedicht aus den ›Mikrogrammen‹

Schön ist die Liebe

Schön ist die Liebe.
Schön ist es, der Königin zu huldigen,
fröhlich aber und stark macht's,
sie nicht anzuerkennen.
Der Teufel hole das Seufzen und Flennen.
Dem Glück gibst du mit
wahrem Vergnügen einen Tritt.
Mich über das Angebetete lustig
zu machen,
gehört mir zu den schönsten Sachen,
macht mich knabenhaft lachen.
Ich steh' dann fast wie ein kleiner Held,
blicke übermütig in die Welt,
klimpere mit dem bißchen Geld,
das ich im Portemonnaie trage,
heiter ich's mit der Lieblosigkeit wage,
mit dem Nichtsempfinden
ich mich getraue abzufinden.
Wer mir Arbeit gibt
ist's, der mich liebt.
Der hat mich lieb, der mich beordert,
mir was zutraut, von mir fordert,

was recht ist und klug,
ich hatte an mir noch immer genug,
Lieben, Geliebtsein, a ba!
Lebensglück? Tätsch! Da!
Wer's nicht braucht, der hat's.
Fürchte mich vor keiner Katz.
Freches Gebar',
nicht wahr?

Dies ist eines der Gedichte, die Bernhard Echte und Werner Morlang aus einem Teil der sogenannten ›Mikrogramme‹, der nachgelassenen, mit winziger Bleistiftschrift bedeckten Entwurfsblätter Robert Walsers, entziffert haben. Diese Texte – Prosastücke, Gedichte, dramatische Szenen – liegen vor in den beiden Bänden *Aus dem Bleistiftgebiet* (Suhrkamp Verlag 1985). Wir lernen da keinen bisher unbekannten Walser kennen, begegnen aber vielen aufschlußreichen Abwandlungen des bekannten, besonders solchen der bei ihm schon immer vorherrschenden Selbstdarstellung. Ein charakteristisches Beispiel dafür sind die angeführten Verse.

Lieblosigkeit ist ein im Leben und Dichten Robert Walsers oft vorkommendes Thema. Ihretwegen, nämlich um die vermeintlich lieblose Mutter zu erschüttern, täuscht der Knabe Fritz in dem Mundartspiel *Der Teich* Selbstmord vor. Dieses frühe Werklein und mehrere andere Zeugnisse dokumentieren, daß Walser unter der ungenügenden persönlichen Zuwendung von seiten der zugleich depressiv veranlagten und strengen, durch die Familiensorgen überforderten Mutter gelitten hat. Daraus und aus seiner geistigen Eigenart, namentlich aus der vom Vater geerbten und vorgelebten Neigung zur Ironie, mag seine spätere Liebesproblematik zu erklären sein, die sowohl in erotischer wie in mitmenschlichmoralischer Hinsicht seltsame Züge aufweist. Die mütterlich um ihn besorgte Schwester Lisa hat von seinem Egoismus gesprochen, Christian Morgenstern, einer seiner verdienstvollsten Förderer, die Vermutung geäußert, er sei eine zur Liebe unfähige »Mondnatur«.

Er selber war sich der distanzierenden, isolierenden Wirkung seines Wesens bewußt. Die eigentümliche Einverstandenheit damit kommt bildkräftig in dem Prosastück *Ein ganz klein wenig Watteau* zum Ausdruck: »Mein überaus trockenes Inneres kennt keine Freunde, keine Feinde. Ich bin weder ein Menschenfreund noch -feind. Vor allem bin ich mit kostbarem, kaltem Sammt bekleidet, und wenn ich mir eine schöne, große, vornehme Katze zu sein scheine, die lediglich für sich lebt, so stimmen vielleicht die Vermutungen, die mir einreden, die Vergleichung sei zutreffend.« An anderer Stelle freilich lesen wir: »Heute bin ich egoistisch, doch nein, zu arg will ich mich nicht verleugnen. Ich nehme das Wort zurück, indem ich es als unzulässig bezeichne. Ich fand für Hingabe nur noch immer keinen passenden Anlaß.« *(Fidelio)*

Offenbar ist es Walser gelungen, das mütterliche Erbe, nach seiner Charakteristik der Mutter eine Mischung von Demut und abweisender Vornehmheit, mit dem väterlichen, der gutmütigen Ironie, so zu verbinden, daß er sein Wesen als ein katzenartig selbstgenügsames empfinden konnte. Etwas Heidnisch-Naturgläubiges regte sich schon in dem Neunzehnjährigen, als er an Lisa schrieb: »Das Christentum ist die Religion der Sehnsucht! Schon aus diesem Grunde allein ist diese Religion so unnatürlich, so menschenunwürdig!« Der kecke Ton, in dem hier ein junger Mensch der erlösungsbedürftigen Sehnsucht abzusagen scheint, hat in den gut ein Vierteljahrhundert später entstandenen Versen *Schön ist die Liebe* nicht die geringste Dämpfung erfahren. Dem Angebeteten wird dabei, notabene, nicht die Anbetungswürdigkeit abgesprochen. Der Spott gilt vermutlich weniger diesem selber als der schwächlichen, sentimentalen Art der Anbetung, dem in der Christenheit herrschenden inflatorischen Gerede von der Liebe. Dazu kommt das Bewußtsein, vor allem der dichterischen Aufgabe leben zu sollen, was natürlich erst recht verbietet, das Bekenntnis zu Lieblosigkeit und Nichtsempfinden für bare Münze zu nehmen.

Dieses Bekenntnis wird übrigens durch mehrere unmittelbar gegenteilige Zeugnisse desavouiert. Den Anfang unseres Gedichtes vorwegnehmend, schrieb Walser im Dezember 1918 an Frieda Mermet: »Liebe ist doch etwas Schönes und Seltsames und sicher das Erlebenswerteste im Leben.« Noch stärker fällt das Selbstzeugnis des Ich-Erzählers im *Räuber*-Roman ins Gewicht: »Auf gewisse Weise, lieber Herr Doktor, vermag ich alles Erdenkliche, und vielleicht besteht meine Krankheit, falls ich meinen Zustand so nennen kann, in einem zu vielen Liebhaben. Ich habe einen ganz entsetzlich großen Fonds an Liebeskraft in mir, und jedesmal, wenn ich auf die Straße trete, fange ich an, irgend etwas, irgend jemand lieb zu gewinnen, und darum gelte ich allenthalben als charakterloser Mensch, was ich Sie bitten möchte ein wenig zu belachen.« Tatsächliche Liebesverneinung wäre auch unvereinbar mit Walsers Verhältnis zu Jesus, den er im ersten der Prosastücke *Vier Bilder* ehrfürchtig als die personifizierte Liebe darstellt.

Bedenklich könnte wiederum stimmen, daß er sich in Prosastücken des ersten ›Mikrogramm‹-Bandes nicht bloß zur Lieblosigkeit im allgemeinen, sondern zur Mitleidlosigkeit und sogar zur Grausamkeit bekennt. Ein Vergleich mit Nietzsche kann da zur Entlastung dienen. »Teufelei jeder Art« ist nach Nietzsche »zur Erhöhung des Typus Mensch notwendig«. Walser redet nie so doktrinär. Im Gegensatz zu Nietzsche wünscht er, daß Kriege vermieden werden können, glaubt allerdings nicht, daß dies möglich sei, und erklärt: »Ich glaube an die Grausamkeit und an die Schönheit und an die sehr angenehme Notwendigkeit, aufzupassen, achtzugeben.« Er »glaubt« also an die Grausamkeit, ohne sie zu wünschen, das heißt, er erkennt ihre naturgesetzliche Tatsächlichkeit, und er übt sie insofern gegen sich selber, als sie, wie Elias Canetti sagt, »zur unbestechlichen Beobachtung unerläßlich ist«. Ebenfalls im Sinn der erlebnismäßigen Erfahrung »glaubt« er an die Schönheit, schließlich an das lebenslänglich notwendige »Aufpassen«, was entschieden unheldisch tönt und mit dem Vorausgegangenen einen Dreiklang vertrackten melancholischen Humors ergibt. Bei dem humorlosen Nietzsche wäre so etwas undenkbar. In Gesprächen mit Carl Seelig hat Walser den Verkünder des Willens zur Macht ablehnend beurteilt, und zwar eben als einen, der die Liebe verleugnet habe. Darzutun, inwiefern dieser Vorwurf trotz »Teufelei jeder Art« eingeschränkt werden müßte, wäre wieder ein Thema für sich.

Auf das wunderliche eigene Bekenntnis zu »Lieblosigkeit« und »Nichtsempfinden« folgt in unserem Gedicht überraschend die Vertrauenserklärung an den, der dadurch liebt, daß er das Rechte und Kluge fordert. Wir erinnern uns dabei an das Wort des »Egoisten«, er habe für Hingabe nur noch keinen passenden Anlaß gefunden. Hier scheint Walser – möglicherweise im Rückblick auf einen halbherzig unternommenen jugendlichen Versuch, sich sozialistisch zu betätigen – den Mangel einer fordernden Aufgabe zu bedauern. Die vorliegenden Verse aber bedeuten wohl, seine Liebeskraft sei nun dem dichterischen Werk zugewendet. Wenn er versichert, er habe an sich selber genug, so darf daraus gefolgert werden, daß er als Dichter sein eigener Arbeitgeber sein will. Doch schafft er sich eine quasi mythische Protektion mit der in seinen Dichtungen oft erscheinenden »Göttin«, der von ihm bald angebeteten, bald verspotteten Muse. Für diese Deutung spricht, was er in einem Prosastück des ersten ›Mikrogramm‹-Bandes sagt: »Ich bin mein absolut eigener Erzieher, vielleicht ist es deshalb, daß ich mich danach sehne, erzogen zu werden.« Dichterische Befriedigung solcher Sehnsucht ist die »Göttin«. Ein paar Zeilen danach heißt es: »Ich liebe nichts so aufrichtig wie die Unaufrichtigkeit, und bin nie ein so guter Mensch, als wenn ich mich als einen schlechten hinstelle.« Auch dazu gibt es im übrigen Werk Parallelen. Es empfiehlt sich daher, das Bekenntnis zur Lieblosigkeit vorab in diesem Lichte, als vielleicht allzu gewagtes Erzeugnis von Walsers Scherzlaune und Verstellungskunst, zu sehen. Die letzten sechs Verse unseres Gedichtes bestätigen dies, sie sind sprachgewordenes knabenhaftes Lachen, ein Musterbeispiel dafür, wie treffend einst Joseph Viktor Widmann das Dichtertum Walsers mit dem Zitat aus einem deutschen Märchen gekennzeichnet hat: »Das Füchslein warf sich ins Gras und wollte sich zu Tode lachen.«

Widmann war ein Genie der Geniewürdigung. Daß er für zwei so wesensverschiedene Dichter wie Walser und Spitteler Verständnis aufbrachte, ist um so erstaunlicher, als die beiden selber einander ziemlich unsympathisch waren. Spitteler äußerte sich abfällig über einen Roman von Walser, und dieser bemerkte zu Carl Seelig: »Mir kommt er immer mehr wie ein Irrenarzt vor, der als kleiner Herrgott über den Narren thronte.« Walser selber spielte diese Rolle, wenn auch nicht so sehr als über den Narren thronender denn als freundlich ihnen zusprechender Arzt. Seine Bücher, zumal auch die beiden ›Mikrogramm‹-Bände, enthalten homöopathische Dosen stilisierten Wahnsinns, die er unter dem Vorwand darbietet, daß er sich »hie und da zum reinen Vergnügen wahnsinnig gebärde«. Als in solchem Sinn therapeutisch gemeinte Wahnsinnsgebärde könnte, neben vielem andern, das übermütige Geständnis der Lieblosigkeit gedeutet werden.

Neue Zürcher Zeitung, 21./22.6.1986

Kommentare zu ausgewählten Gedichten

Wie immer

Die Lampe ist noch da,
der Tisch ist auch noch da,
und ich bin noch im Zimmer,
und meine Sehnsucht, ah,
seufzt noch wie immer.

Feigheit, bist du noch da?
und, Lüge, auch du?
Ich hör' ein dunkles Ja:
das Unglück ist noch da,
und ich bin noch im Zimmer
wie immer.

Von der eigenen Feigheit und Lüge – Unwahrhaftigkeit im weitesten Sinn – redet der Mensch nicht gern, der auf ansprechende Selbstdarstellung und Stimmung bedachte lyrische Dichter schon gar nicht. Robert Walser tut es in den obigen Versen dennoch. Sie waren eines jener sechs kurzen Gedichte, die am 8. Mai 1898 ohne Verfassernamen, aber mit einer freundlichen Einleitung von Josef Viktor Widmann im Sonntagsblatt des *Bund* erschienen. Der eben zwanzig gewordene, in Zürich als Commis tätige Walser sah sich hier zum erstenmal gedruckt. Unser Gedicht ist ein Konzentrat seiner damaligen Lebensproblematik. Der kleine Angestellte, der sich mit Recht zum Dichter berufen fühlt, sitzt im karg ausgestatteten Mietzimmer und hadert mit sich selber, weil er den Mut nicht aufbringt, den ungeliebten Brotberuf zugunsten freien dichterischen Schaffens aufzugeben und dadurch auch den Zwang zur Lüge, das heißt zur höflichen Verstellung vor Prinzipalen usw., loszuwerden oder wenigstens zu mildern. Drei Concreta – Lampe, Tisch, Zimmer – zeichnen die äußere, vier Abstracta – Sehnsucht, Feigheit, Lüge, Unglück – die innere Situation und verstärken einander zum Gefühl ausweglosen Gefangenseins. (*Kein Ausweg* lautete der Titel im genannten Erstdruck.)

Nun, der Commis hat sich dann den Ausweg ins Poetenleben zu bahnen gewußt. Ungefähr ein Vierteljahrhundert lang dichtete Robert Walser im Ton eines euphorisch Glücklichen. Hierauf war er fast ebenso lang Patient der Heilanstalt Herisau, schrieb nichts mehr, verrichtete nur noch bescheidene manuelle Arbeit und antwortete auf die Frage des Arztes, ob er gleichsam wunschlos glücklich sei, bejahend. Vielleicht darf man sein Leben und Dichten gleichsam eine das Unglück überspielende schöne, menschenfreundliche Lüge nennen.

Badener Tagblatt, 27.8.1983

Harmonie

Wie alles dies so kommen konnte!
Ich mich wie an mir selber sonnte.
Dadurch, daß ich mich kontrollierte,
ich mich mit Wichtigkeit verzierte.
Ich gab beständig acht auf mich,
bis Achtung vor mir selber wich.
Zu sehr soll man sich nicht bemeistern,
sonst kann man sich nicht mehr begeistern.
In einem fort stand ich mir vor der Nase,
glich dem zerbrechlichen und glänz'gen Glase,
hatte stets an mir etwas auszusetzen
und kam darum dahin, mich zu verletzen.
Ich mocht' mich selber nicht mehr sehen
und ließ infolgedem mich gehen.
Die beste Art, belehrt zu sein,
liegt im Sichselbstwillkommensein.

Robert Walser schrieb dieses Gedicht im Jahre 1930 als Patient der Berner Heilanstalt Waldau, in die er im Januar 1929 wegen schwerer Angstzustände aufgenommen worden war. Ein paar Jahre vorher hatte er in einem andern Gedicht erklärt: »Niemandem wünschte ich, er wäre ich. / Nur ich bin imstande, mich zu ertragen...« Die Kritik der Selbstkritik in *Harmonie* ist natürlich auch wieder Selbstkritik, aber eine, die sich im Rückblick auf die soeben zitierte Aussage als erfolgsversprechender Versuch einer Selbstheilung ausnimmt. In der Form nachlässig, gewissermaßen antipoetisch wie die meisten späten Gedichte Walsers, läßt *Harmonie* einen Wesenskern erkennen, der den Titel rechtfertigt. Mit dem Sich-an-sich-selber-Sonnen meint der Dichter wohl jene euphorische Hochstimmung, aus der heraus er einen großen Teil seines Werkes schuf. Jetzt gesteht er, das scheinbar selbstgenügsame Poetenleben habe sich unter ständiger scharfer Selbstkontrolle abgespielt, und diese habe zu einer Art von Selbsthaß geführt. Das am Schluß der Klage erwähnte Sichgehenlassen mag an das übermäßige Trinken erinnern, zu dem der Vereinsamte in den letzten Jahren vor der Erkrankung neigte. Soweit die Selbstkritik schon im Werk zutage trat, war sie fast immer durch nachsichtigen Humor gemildert, wodurch sich Walser von dem andern großen Selbstbeobachter der schweizerischen Literatur, dem ernsten Genfer Tagebuchschreiber Henri-Frédéric Amiel (1821–1881), unterscheidet.

Die Kritik der Selbstkritik hat in *Harmonie* nicht das letzte Wort, sie geht unvermittelt in die rettende Erkenntnis über. Mit dem superlativisch bewerteten »Sichselbstwillkommensein« bekennt sich Walser zu etwas, das in seiner Dichtung von jeher zum Ausdruck kam, das er jedoch eben der Selbstkritik abringen mußte. Dank der auch in den Krankheitsjahren festgehaltenen Maxime erscheint er, nachdem er als Dichter verstummt war, weniger als tragische Gestalt denn als Weiser. So, wie er selber sie verstand und praktizierte, ist es eine allgemeingültige Maxime: Einladung zu rechtverstandener Selbstliebe, zum Verständnis des eigenen Daseins als einer Gabe, für die wir Dank schuldig sind. Ob Walser es für die Gabe eines persönlichen (christlichen) Gottes oder eher für das Erzeugnis einer unpersönlichen Gottnatur hielt, ist schwer zu sagen. Sein paradoxes ›Credo‹ lautete: »Woran glaube ich? Ich weiß es nicht, ich weiß nur, daß mir viel fehlt, wenn ich nicht gläubig bin.« Er ist ein Musterbeispiel dafür, wie sich mit solchem Dichterglauben leben läßt.

Badener Tagblatt, 1.4.1989

Die Schweiz

Im Mittelland befinden
sich auf den Hügeln luft'ge Linden;
artige Städte schmiegen
sich an den Rand von schönen Seen.
Im Jura länglich liegen
schlanke und breite Höhn. Den Feen,
schneeweißen, zu vergleichen
sind wieder anderseits
gewalt'ge Berge, die man Alpen nennt,
weit und breit man sie kennt,
im Eisigtrotz'gen liegt ihr Reiz,
von ihrem Platze sie nicht weichen.

Den äußersten Gegensatz zu unserer hochfeierlichen Nationalhymne, »Trittst im Morgenrot daher«, bildet das Dutzend hölzerner und holpriger Verse, die Robert Walser seinem Heimatland gewidmet hat. Obgleich patriotisches Pathos nicht mehr Mode ist, würde er mit ihnen an einem Gedichtwettbewerb CH 91 keinen Kranz herausschießen. Er schrieb sie 1930 als Patient der Berner Heilanstalt Waldau, doch wäre es falsch, sie als Erzeugnis eines Verblödeten einzuschätzen. Die in der Waldau entstandenen Texte sind mit Ausnahme einiger von ihm selber verworfenen in das Gesamtwerk aufgenommen worden, und das mit Recht, denn sie bereichern oder verdeutlichen die Aspekte seines Geistes.
Die Schweiz gehört zu jenen Versgebilden aus Walsers letzter Schaffenszeit, die man als mehr oder weniger bewußte, quasi antilyrische Blödeleien zu würdigen hat. Eine frühe thematische Entsprechung dazu ist der Prosatext *Das Vaterland* in *Fritz Kochers Aufsätze*, seinem ersten Buch

(1904). Dort freilich läßt er den Schüler Fritz einen komisch übertriebenen patriotischen Tatendurst bezeugen – hier, in den späten Versen, scheint er Geschichte, Staat und Volk gänzlich vergessen zu haben. Prosaisch und summarisch beschreibt er die Landesgestalt. Als originell mag der Vergleich der Alpen mit eisig-trotzigen Feen gelten. Da sich Walser in seinen zahlreichen Selbstzeugnissen gern paradoxe, gegensätzliche Eigenschaften zuschrieb, wäre es möglich, daß er bei dieser sonderbaren Metapher an sich selber, den hochsensiblen, jedoch im Mißerfolg trotzig-gelassen ausharrenden Poeten, gedacht hat.

Robert Walser verehrte Gottfried Keller, ohne ihm aber in vaterländischer Sangesfreude und staatsbürgerlichem Engagement nachzueifern. Bisweilen äußerte er sich, besonders in Briefen, wohlmeinend-kritisch oder freundlich-ironisch zu schweizerischen Angelegenheiten. Ätzende Vaterlandskritik, wie sie nach ihm Frisch, Dürrenmatt und andere geübt haben, war nicht seine Sache. Zu argwöhnen, solche Kritik verberge sich darin, daß er in den Versen über die Schweiz das Schweizervolk ignoriert, hieße die Boshaftigkeit des Spaßmachers Robert Walser überschätzen.

Badener Tagblatt, 28.9.1991

Ein Glas Bier

Hier in dieses Wäldchens Zier
denke ich an ein Glas Bier,
leise gehe ich dann weiter
wie auf einer dünnen Leiter.
Jugendschöne Mädchen ziehn
freundlich durch das Dickicht hin,
hin und wieder steh' ich still,
weil mir solches passen will.
Das Glas Bier ist überwunden,
das mir hätte können munden.

Schon in gesunden Tagen dichtete Robert Walser manchmal reichlich quer zu den von George, Hofmannsthal, Rilke und andern gesetzten lyrischen Maßstäben. Allerhand offenkundig blödes Zeug verfaßte er dann als Insasse der Berner Heilanstalt Waldau, darunter das obige Stimmungsbildchen. Er litt in den Waldau-Jahren (1929–33) unter Depressionen und Halluzinationen. Abgesehen von diesen war sein Verstand nicht gestört, er schrieb in Vers und Prosa noch manches, das von Max Brod im *Prager Tagblatt* und von Otto Pick in der *Prager Presse* veröffentlicht wurde. In der Walser-Forschung herrscht Uneinigkeit darüber, ob die blödelnde Dichtweise aus Unvermögen, aus einem Erlahmen der geistigen Spannkraft, zu erklären sei oder ob der Eigensinnige sie mit voller Absicht praktizierte. Zahlreiche spöttische Bemerkungen zur höheren zeitgenössischen Literatur in seinen Werken, Briefen und Gesprächen machen letzteres wahrscheinlich, wenn auch verminderte Spannkraft als zusätzliche Ursache anzunehmen ist. Mit den einfältigen Versgebilden der späten Schaffensjahre stellte er sich außerhalb des Wettbewerbs jener, die einander an lyrischer Sprachkunst zu überbieten suchten und dabei Gefahr liefen, vom Volk immer weniger verstanden zu werden. Daß Walser seinerseits auch nicht unmittelbar zum Volk sprach, ist wieder ein Problem für sich.

So wunderlich die meisten seiner späten Gedichte anmuten, es wäre doch keines von ihnen geeignet, in die von Klaus Dencker zusammengestellte, in Reclams Universalbibliothek erschienene Sammlung *Deutsche Unsinnspoesie* aufgenommen zu werden. Unser Beispiel käme dafür schon gar nicht in Frage. Ein Gelüst nach Bier, das in dem zeitweilig alkoholgefährdeten Dichter durch den Anblick schöner Mädchen und durch nachdenkliches Stillstehen verdrängt wird: das ergibt einen bescheidenen, aber einleuchtenden Sinngehalt.

Im Jahr 1933 wurde Robert Walser nach Herisau, in die Heilanstalt seines Heimatkantons, verbracht. Unter gänzlichem Verzicht auf literarisches Schaffen lebte er dort bis zu seinem Tode, Weihnachten 1956.

Badener Tagblatt, 23.3.1985

In dem Reisekorb oder Wäschekorb

In dem Reisekorb oder Wäschekorb,
der in meinem Schlafgemach steht,
räuspert es sich nachts,
als läge dort jemand
und säße auf dem Korb
ein wispernder Sklav', mein grausamer
Diener, mein fester Entschluß,
mir selbst zu gehören. Mein Gedanke,
der kennt mich. Mir ist oft, was ich denke,
fürchterlich, und ich steige aus
der Nachtzeit wie aus granitenem Grab
und aus gespenstischem Schlaf wie aus vieler
armer geplagter Seelen bleiche
Bilder um ihre Schläfen schleudernder
Vergangenheit
und kann am Morgen meines Lebens wieder froh sein.
Niemandem wünschte ich, er wäre ich.
Nur ich bin imstande, mich zu ertragen:
So vieles zu wissen und so viel gesehen zu haben und
so nichts, so nichts zu sagen.

Als eines der sogenannten ›Mikrogramme‹, der von Walser in winzigkleiner Schrift abgefaßten Texte, sind diese Verse wahrscheinlich im Berner Winter 1924/25 entstanden. Noch sollten neun Jahre bis zu seinem gänzlichen Verstummen als Dichter vergehen. Das unheimliche Sprachgebilde signalisiert aber bereits den Anfang vom Ende. Zwanzig Jahre zuvor hatte Walser in seinem ersten Buch, *Fritz Kochers Aufsätze*, folgenden Berufswunsch ausgesprochen. »Gaukler sein wäre schön. Ein berühmter Seiltänzer, Feuerwerk hinten auf dem

Rücken, Sterne über mir, einen Abgrund neben, und so eine feine schmale Bahn vor mir zum Schreiten. – Clown? Ja, ich fühle, ich habe zum Spaßmachen Talent.« Er hat diesen Berufswunsch in sublimierender Abwandlung verwirklicht, hat als Dichterclown mit seinen Versen, Prosastücken, Dramoletten und Romanen eine kleine, aber vom Wert seines Schaffens überzeugte Lesergemeinde entzückt. Mit heiterer Miene hat er das Bewußtsein des Abgrunds neben sich, das heißt der Gefährlichkeit und Härte des Lebens überhaupt und des seinigen im besonderen, immer wieder überspielt, verleugnet.

Aus den angeführten, nach der Mitte des fünften Lebensjahrzehnts gedichteten Versen wird deutlich, daß der jugendliche Schwung in der Spaßmacherrolle erlahmte. Wie der alternde Zirkusclown das Ende seiner Laufbahn nahen fühlt, so erst recht der hochsensible Dichterclown. Die fürchterlichen Nächte sind nicht erdichtet; Walser hat sie erlebt als Reaktionen auf den allzu hochgespannten Eigensinn dessen, der unbedingt sich selber gehören wollte. (Hermann Hesse, ein anderer, nicht ganz so verwegener Eigensinniger, hat ihn dafür bewundert.) Allmählich wurde es schwierig, am Morgen wieder froh zu sein, krankhafte Stimmungen verdüsterten auch den Tageslauf. Anfang 1929 ließ sich Robert Walser in die Berner Heilanstalt Waldau einweisen.

»Niemandem wünschte ich, er wäre ich.« So könnte im gleichen kritischen Alter auch Friedrich Nietzsche gesprochen haben. Der Lehrer des Willens zur Macht wollte freilich mehr sein als ein machtloser Dichter, der im Grunde »nichts zu sagen«, nichts zu befehlen hatte – und stürzte als vermessener Ikarus in die Nacht des Wahnsinns ab. Walser erlitt einen vergleichsweise harmlosen, quasi durch innere Federung (schweizerische Nüchternheit?) abgebremsten Seiltänzersturz. Sein Denkvermögen blieb unversehrt, und sein langer Lebensabend in der Heilanstalt Herisau hatte einen idyllischen Einschlag.

Max Brod, der Freund Franz Kafkas, hat gesagt, Robert Walser habe die entspannende Reaktion auf Nietzsche gebracht. Walser, der seinerseits an Nietzsche rügte, daß er sich »dem Teufel angebiedert« habe, hätte die Zuweisung einer so hohen geistesgeschichtlichen Rolle wohl bescheiden abgelehnt. Bei übrigens sehr kräftigem Selbstbewußtsein genügte es ihm, durch »sein spaßhaftes Existierthaben«, wie er sich in dem Prosastück *Schnori* ausdrückte, »zu mancherlei Betrachtungen nahrhaften Anlaß« zu geben.

Badener Tagblatt, 6.1.1993

V. Robert Walser, der Unenträtselte
Rezensionen und anderes

Robert Walser, der Unenträtselte
Zum vierten Band seiner ›Mikrogramme‹

An der Beethovenstraße in Zürich, in einem Trakt des *Roten Schlosses*, befindet sich das Robert Walser-Archiv – *notabene* eine Gründung des in Baden aufgewachsenen, im Januar dieses Jahres verstorbenen Rechtsanwaltes Dr. Elio Fröhlich. Sozusagen als Schloßherren wirken dort seit einem Jahrzehnt die beiden Germanisten Bernhard Echte und Werner Morlang im Dienste des Dichters, der seinerseits ein paar Monate lang Schloß*diener* in Schlesien war. Ihre Hauptbeschäftigung ist die Entzifferung der sogenannten ›Mikrogramme‹, jener Texte, die Walser in winziger, mit bloßem Auge nicht lesbarer Bleistiftschrift auf die Rückseite von Kalenderblättern und ähnlichen Papieren schrieb. Es sind insgesamt 526 ›Mikrogramm‹-Blätter erhalten geblieben. Einiges davon, darunter der *Räuber*-Roman, hat schon Jochen Greven, der Herausgeber des Gesamtwerks, unter Mitarbeit von Martin Jürgens entziffert. Im Suhrkamp Verlag, der die Werke Robert Walsers betreut, sind seither die von Echte und Morlang edierten vier ›Mikrogramm‹-Bände *Aus dem Bleistiftgebiet* erschienen, denen noch zwei weitere folgen sollen.

Der hier zu besprechende vierte Band enthält Prosastücke, Gedichte und dramatische Szenen aus den in Bern verbrachten Jahren 1926 und 1927. Er hat den Entzifferern, wie dem

Bericht von Bernhard Echte zu entnehmen ist, wegen des von Walser benützten schlechten Papiers und aus anderen Gründen besondere Mühe verursacht. Vorherrschendes Thema ist der Dichter selber. Seinem ironischen und paradoxen Geist die Zügel schießen lassend, beschreibt er etwa sich selber als »diesen evangelischen Katholiken, diesen gepuderten Zerzausten, diesen zugeknöpften Entblößten, diesen mädchenhaft zarten Mann, diesen Adlige-Küchenmädel-wundervoll-Findenden, diesen idealistischen Zyniker, diesen Geordneten voll Unordentlichkeiten, dieses lebensbejahende Verneinungsscheusal, dieses denkbar artige Ungeheuer usw.«. Sich selbst erforschend, erhellt er die Dialektik von menschlicher Größe und Kleinheit und rechtfertigt das Distanzbedürfnis der Persönlichkeit. Obschon er versichert, ein »enthusiastischer Ehrlichkeitsfanatiker« zu sein, ist er als Schilderer eigener Erlebnisse auch ein Meister der Verschleierung und Verfremdung, zumal wo es sich um Frauen handelt. In der Regel schildert er nicht so sehr die äußeren Vorgänge als die inneren Beziehungen zwischen den Menschen. Am auffallendsten tritt dies in den dramatischen Szenen hervor, wo er die Personen Gefühltes und Gedachtes sagen läßt, das sie in Wirklichkeit auszusprechen nicht fähig oder mutig genug wären.

Die meisten Texte sind in skurril verschnörkelter, an neuen Wortbildungen reicher Sprache abgefaßt. Manche irritieren den Leser durch mehrfachen Themenwechsel. Daß Walser jedoch keineswegs an unbeherrschter Gedankenflucht litt, beweisen thematisch einheitliche Texte wie die über Frank Wedekind und Walter Rathenau, zwei Männer, denen er während seiner Aufenthalte in Deutschland begegnet war. Bemerkenswert nicht nur wegen des Festhaltens am Thema, sondern auch wegen des Festhaltens ungewöhnlicher Behandlung ist ein Aufsatz über geschichtliche Grausamkeiten. Walser, der sich anderwärts so gern als Idylliker gibt, gesteht hier, daß ihn der Gedanke an solche, da sie, »unsentimental betrachtet, etwas Naives, Drolliges« haben, »auf eine gewisse Art und Weise lachen mache«. Damit einem das nicht in den falschen Hals gerät, ist zu bedenken, was in der angeführten Selbstbezeichnung als »idealistischer Zyniker« das Beiwort bedeutet.

In den rund sechzig Gedichten des Bandes hält sich Walser an die Konvention von Reim und Rhythmus, befleißigt sich aber – mit ein paar Ausnahmen – keiner strengen Regelmäßigkeit. Gesamthaft unterscheidet sich die Sprache der Verse nicht von derjenigen der Prosastücke. Wie schon in den bisher bekannten Gedichten aus den Berner Jahren scheint Walser den von Zeitgenossen wie George, Rilke, Hofmannsthal oder Schröder gesetzten Maßstäben lyrischer Kunst Hohn sprechen zu wollen. Doch leuchtet sein genuines Poetennaturell immer wieder in Einzelheiten auf.

Walser bekannte gelegentlich, er hätte gern für das Volk geschrieben. Die Bände *Aus dem Bleistiftgebiet* sind nun freilich noch weniger Volksliteratur als die zu seinen Lebzeiten erschienenen Werke. Werner Morlang würdigt im Nachwort des vierten Bandes den großartigen Trotz, mit welchem der Dichter, der Unwahrscheinlichkeit eines Erfolges wohlbewußt, in seinen mikrographischen Bemühungen bis in die Krankheitsjahre hinein ausharrte. Das Ergebnis ist nicht nur belletristisch interessant. Den Begriffsapparat der Tiefenpsychologie verschmähend, hat Walser in unwissenschaftlich bizarrer Form die Wissenschaft von der Menschenseele vertieft. In Ehrfurcht vor der Rätselhaftigkeit des Weltganzen durfte er die eigene bezeugen: »Sich selbst hielt er für sehr bescheiden, und wenn ihn die anderen anders sahen, als wie er war, und er sich selbst so sah, wie ihn kein anderer anzuschauen und zu bewerten jemals in die Lage kommen zu können geglaubt haben würde, so hieß er einst mit Recht der Rätselhafte.« Er heißt mit Recht noch jetzt so.

Badener Tagblatt, 20.7.1991

»Ist die Welt nun besser?«
Zu Jochen Grevens Essays über Robert Walser

Jochen Greven, der Herausgeber der Werke Robert Walsers, hat das, was man philologische Kärrnerarbeit nennt, nie gescheut. Er hat aber, beginnend mit seiner Dissertation über den Dichter, auch zur höheren Walser-Philologie maßgeblich beigetragen. Imponierend bestätigt dies seine Essaysammlung *Robert Walser / Figur am Rande, in wechselndem Licht* (Frankfurt am Main 1992). Schon in der biographisch und werkgeschichtlich orientierenden Einleitung fällt Licht auf die paradoxe Beschaffenheit des »literarischen Proteus«: seine absondernde Hintergründigkeit einerseits, seine Kunst des gemimten Dialogs mit dem Leser anderseits. Im ersten der sechs Essays, *Die Geburt des Prosastücks aus dem Geist des Theaters*, wird deutlich, wie sehr die »Nicht-Gattung« Prosastück der Eigenart Walsers entsprach, inwiefern er mit ihr zur Randfigur und zugleich zum Schöpfer neuer Mitteilungsmöglichkeiten wurde. Greven bekräftigt seine These, das Prosastück sei die Grundeinheit von Walsers schriftstellerischer Arbeit, mit dem Hinweis auf die episodisch gebauten, gleichsam ebenfalls in Prosastücke zerfallenden Romane. Als kommunikatives Element deutet er das »Worte-Theater« des verhinderten Schauspielers.

Der Essay *Erdichtete Dichter* ist ein Plädoyer für die kühne Phantasie, mit der Robert Walser in zahlreichen Prosastücken Dichter und Schriftsteller der Weltliteratur porträtiert hat. Einen Text über Clemens Brentano erläutert Greven als Beispiel für das »Ausprobieren von Möglichkeiten maskierter Selbstgestaltung«, womit auch die meisten andern Dichterbildnisse Walsers zu charakterisieren sind. Wenn er dessen Vorliebe für tragische Gestalten erwähnt, so behält er doch die stets mitspielende Ironie im Auge. Zum Prosastück *Hölderlin* bemerkt er, Walser denke gar nicht daran, »einem tragisch umflorten Geniekult zu huldigen«.

In der Betrachtung über das vermutlich letzte, im Jahr 1933 entstandene Prosastück, *Die Landschaft*, prägt der Verfasser den Begriff der soziologischen »Unschärferelation«, von der Walser Zeugnis gebe. Er meint damit dessen Einsicht in die Komplexität der Lebensverhältnisse, eine Einsicht, die »zur konsequenten Vermeidung bzw. zur sofortigen Wiederzurücknahme von totalisierenden theoriehaften Aussagen« führe. Bezeichnend findet er, daß in dem genannten Text, einer aktualisierenden Variation über *Die Räuber* von Schiller, »Spaß« das letzte Wort ist. Die Frage des Zusammenhangs von Walsers »wild assoziierendem Spätstil« mit Schizophrenie unterliegt ja selber der »Unschärferelation«.

Noch einmal und mit verstärktem philosophischem Einschlag wird das Thema Schizophrenie im vierten Essay behandelt. Greven sieht Walser als Dichter einer entzeitlichten, verräumlichten, rein gegenwärtigen Welt, gewissermaßen als Antipoden Henri Bergsons, des Philosophen der »durée« (der reinen Dauer) und der »évolution créatrice«. Er zitiert Walsers Wort von der Gegenwart als dem »Auge Gottes« (Prosastück *Der verlorene Sohn*) und das Selbstzeugnis seines Jakob von Gunten: »Ich entwickle mich nicht.« Letzteres könnte freilich als scherzhafte Übertreibung aufzufassen sein. Mehr als andern Menschen war dem Selbstbeobachter Walser der gleichbleibende individuelle Wesenskern (Goethes »geprägte Form«) bewußt. Angesichts des Stilwandels in seinem Werk wird man jedoch auch ihm eine Entwicklung zuschreiben müssen. Es ist also wenig plausibel, daß der überaus kreative Robert Walser der »evolution créatrice« entgegengesetzt gewesen sein soll, fraglich zudem, ob seine Dichtung, die so viel lebensgeschichtliche Erinnerung enthält, als entzeitlichend charakterisiert werden darf. Interessant, aber gleichfalls problematisch sind die Überlegungen, die Greven unter Bezugnahme auf das Buch *Ideologie und Schizophrenie* von Joseph Gabel (Frankfurt am Main 1967) anstellt. Er kommt hier zum Schluß, Walser habe »natürlich mit der eigentlichen Wahn-Kreativität nichts zu tun«.

Begabung zu scharfer Kritik beweist Jochen Greven in dem Aufsatz *Ein komischer Heiliger? / Bemerkungen zum Umgang mit einem toten Dichter.* So positiv er im zweiten Essay Walsers eigene »erdichtete Dichter« beurteilt, so wenig gefällt ihm der erdichtete Robert Walser in erzählerischen und dramatischen Texten von Wladimir Vogel, Gert Hofmann, Urs Widmer, E. Y. Meyer und Jürg Amann. Sein Mißfallen bezieht sich auf Klischeehaftes, Karikierendes, Pathetisches, Sentimentales, biographisch Unstimmiges in diesen Werken, insgesamt darauf, daß sie hinter den von Walser selber gesetzten Maßstäben zurückbleiben. Walser selber lesen! mahnt Greven. Den kritisierten Autoren sei immerhin zugute gehalten, daß sie viele eben dazu anregen.

»Wenn er (Robert Walser) hunderttausend Leser hätte, wäre die Welt besser.« So Hermann Hesse schon im Jahr 1917. Greven stellt dieses Wort in seinem sechsten und gewichtigsten Essay zur Diskussion. Des Wertes der Rezeptionsforschung bewußt, macht er mit Hilfe von Diagrammen das Verbreitungsschicksal der Werke Walsers augenfällig. Seit deren Übernahme durch den Suhrkamp Verlag, 1978, ist die Leserzahl des Dichters auf ein Vielfaches der ihm von Hesse gewünschten angestiegen – eine im Vergleich mit Hesse selber, dem Suhrkamp-Bestseller-Giganten, immer noch bescheidene. »Ist die Welt nun besser?« fragt Greven. Augenscheinlich ist sie es nicht. Im Robert Walser-Archiv in Zürich häuft sich die Literatur über den Dichter, aber von einer pazifizierenden Wirkung, wie Hesse sie ihm zuschrieb, ist wenig zu spüren.

Grevens Walser-Bild ist das »einer auch im Freundlichen beunruhigenden Sphinx, die Fragen stellt und Rätsel aufgibt«. Walser hat sich selber zu der ihm eigenen sphinxhaften Mischung von Scherz und Ernst bekannt. Das hauptsächliche Rätsel, die Frage, was in seinen Spaßhaftigkeiten ernst gemeint sei, wäre wohl einigermaßen lösbar und der Forschermühe wert. (Ein Stück Vorarbeit dazu leistet Greven im Essay über *Die Landschaft*.) Mag Walser ein edleres Menschentum, wie es etwa in seinen visionären Prosastücken *Seltsame Stadt* und *Phantasieren* geschildert ist, für noch so unwahrscheinlich gehalten haben: mit seiner Dichtersehnsucht hat er dennoch darauf hingewirkt. »Die Kraft der Weltverbesserung«, die ihm nach Greven »offenbar immer wieder, aber auch immer wieder anders zugesprochen« wird, könnte durch vermehrtes Interesse für den ethischen Ernst des Spaßmachers gesteigert werden.

Schweizer Monatshefte, März 1993

Robert Walsers Narzißmus
Eine Erläuterung

Auf Seite 205 meines Buches *Das Leben Robert Walsers* (Genf und Hamburg 1966) steht der Satz: »Offenkundig ist nun freilich sein Autismus oder Narzißmus, die hochgradige Selbstbezogenheit im Leben und Werk.«

Dr. Urs Herzog, Privatdozent der Universität Zürich, urteilt darüber in seinem Buch *Robert Walsers Poetik* (Tübingen 1974, S. 47): »Von Walsers ›Narzißmus‹ (Mächler) zu reden, als wäre dieser eine ausgemachte Sache, das kann nur heißen, die Verunglimpfung, die Walser vom zeitgenössischen Unverstand sich nicht hat bieten lassen, in schlechtester Trivialpsychologie herüberzuretten.« Anschließend insinuiert Herzog, die Narzißmus-These sei gleichbedeutend mit dem Vorwurf von Eitelkeit und Ichsucht. Er zeigt damit sich selber in einer trivialpsychologischen Auffassung des Narzißmus befangen.

Was ist Narzißmus? *Das Vokabular der Psychoanalyse* von Jean Laplanche und Jean-Bertrand Pontalis (Frankfurt am Main 1972) definiert ihn als »die Liebe, die man dem Bild von sich selbst entgegenbringt«. Robert Walser hat in seinem Werk hauptsächlich ein Bild von sich selbst gezeichnet, und der demnächst erscheinende Briefband (*Gesamtwerk* XII, 2) belegt die ausgiebige Reflexion über sich selber auch in seinem privaten Leben. Das vorherrschende Interesse für die eigene Person ist daher nicht zu leugnen. Trotz eines starken

Anteils von Selbstkritik war dieses Interesse ein wesentlich liebendes, wie denn Walser an manchen Stellen das Einverständnis mit sich selber bezeugt. Als Dichter schuf er keine grob naturalistischen Selbstbildnisse, sondern solche, die er und seine Leser liebenswert oder interessant finden konnten. Er war so beschaffen, daß seine Selbstdarstellung als ein Beitrag zur Menschenkunde und Menschenbildung gelten kann.

Bedeutet aber Narzißmus nicht etwas Krankhaftes, Minderwertiges? Neben den krankhaften Erscheinungsformen, mit denen es der praktizierende Psychoanalytiker meistens zu tun hat, gibt es narzißtische Verhaltens- und Äußerungsweisen von hohem sozialem Wert. Heinz Kohut schreibt in seinem Buch *Narzißmus* (Frankfurt am Main 1973, S. 60): »Idealisierende narzißtische Libido spielt nicht nur eine wichtige Rolle bei reifen Objektbeziehungen, wo sie mit echter Objektlibido verschmolzen ist, sondern sie ist auch die Hauptquelle libidinöser Zufuhr für jene kulturell bedeutsamen Phänomene, die unter dem Begriff der Kreativität zusammengefaßt werden, und sie bildet einen Bestandteil jener hoch geschätzten menschlichen Haltung, die wir Weisheit nennen.«

Übereinstimmend mit diesen Worten ist auf den Seiten 200ff. meiner Biographie die Fähigkeit Robert Walsers zu objektbezogener Liebe bezeugt, der mehrfach gegen ihn erhobene Vorwurf der Lieblosigkeit berichtigt. Seiner Weisheit ist auf Seite 231 mit dem Ausdruck »Genie des gesunden Menschenverstandes« gedacht. Kreativität braucht ihm wohl nicht eigens attestiert zu werden.

Über den narzißtischen Nährgrund der dichterischen Kreativität schreibt Hanns Sachs in dem von Paul Federn und Heinrich Meng herausgegebenen, von Sigmund Freud ohne Vorbehalt anerkennend beurteilten *Psychoanalyti-*

schen Volksbuch (Bern und Stuttgart, 5. Auflage 1957, 1. Band, S. 370f.): »... für den Dichter, der, wie wir gesehen haben, mit dem Unbewußten in einem innigeren Verhältnis steht als der Durchschnittsmensch, hat auch der Narzißmus eine über das Normale hinausgehende Bedeutung. Er kann sich allerdings nicht mehr unmittelbar äußern im Selbstwohlgefallen des Kindes, aber er kann sich ein Gebiet erobern, wenn er sich eine Verschiebung gefallen läßt und, statt die Person des Künstlers, sein Werk, das ja ein Teil dieser Person ist, zum Objekt nimmt. Auf diese Weise läßt sich der Trieb des Dichters erklären, alles das, was ihm die Wirklichkeit an eigenen Wünschen versagt hat, an seinem Werke erfüllt zu sehen. Wenn der Dichter seine Wünsche gestaltet, so verwendet er seine narzißtische Liebe an diesen Gestaltungen; er dient aber damit der Erfüllung allgemeiner Sehnsucht und hochbedeutsamen kulturellen Zielen. Er selbst ist bereit, im Dunkel zu stehen, wenn nur sein Werk wegen seiner Schönheit geliebt, anerkannt und bewundert wird.«

Robert Walsers Narzißmus ist also ein sublimierter, dichterisch und denkerisch modifizierter. Weder ist er mit Eitelkeit identisch, noch schließt er sie in jeder Hinsicht aus. Im *Tagebuch* von 1926 – und in Variationen auch anderwärts – spricht Walser selber von seiner Eitelkeit, Selbstverherrlichung, Selbstschmeichelung (*Gesamtwerk* VIII, S. 106). Urs Herzog zitiert diese Stelle – und folgert tiefsinnig, daß Walser eben nicht eitel gewesen sei (a.a.O., S. 46)! Er will über den Dichter besser Bescheid wissen als dieser selber. Ähnliche Selbstzeugnisse finden sich bei Pestalozzi und Hölderlin, die man so wenig wie Robert Walser einer ordinären Eitelkeit bezichtigen wird. Es sind bei allen dreien Eingeständnisse der geistig modifizierten Teilhabe am ›Menschlichen‹, Akte geistiger Redlichkeit, an denen man nicht deuteln sollte.

Da es nicht üblich ist, sich in solchen Sachen selber öffentlich zu rechtfertigen, übergebe ich diese Zeilen einer Anzahl zuständiger und interessierter Persönlichkeiten.

Ungedrucktes Typoskript, 1975

Auch Carl Spitteler fehlt
Nachträgliches zu einer Buchbesprechung

Unter dem Titel *Lyrische Metamorphosen* erschien im »Badener Tagblatt am Samstag« vom 24. April des laufenden Jahres meine Besprechung der von Karl Otto Conrady herausgegebenen Anthologie *Das große deutsche Gedichtbuch*. In diesem Artikel bedauerte ich, daß der mehr als tausend Seiten starke Band nichts von Heinrich Leuthold enthält. Ich erinnere mich, damals überlegt zu haben, ob nicht noch ein anderer fehlender Schweizer Dichter höheren Rangs zu nennen wäre, aber es hatte mir keiner einfallen wollen. Erst nach Wochen kam mir in den Sinn, daß ich den Nobelpreisträger Carl Spitteler vergessen hatte.

Dabei war Spitteler oft genug in mein Blickfeld getreten. Seine Balladen *Die Blütenfee* und *Die jodelnden Schildwachen* sowie seine Erzählung *Die Mädchenfeinde* waren schon dem Schüler von Bezirkslehrer Hans Siegrist in Baden vertraut gewesen. Als Student in Bern hatte ich Vorlesungen Professor Jonas Fränkels, des streitbaren Freundes Carl Spittelers, gehört und später dessen Kampfschrift *Spittelers Recht* im *Bund* besprochen. In den Badener Journalistenjahren war mir die Spitteler-Begeisterung des Bezirkslehrers Otto Berger und des in Wettingen wohnenden Schauspielers Alfred Lohner zum Erlebnis geworden. Beide haben sich als Vortragskünstler um den Dichter des *Olympischen Frühlings* verdient gemacht.

Warum also war mir bei der kritischen Überlegung zum ›Conrady‹ Spitteler nicht eingefallen? Abergläubisch, wie ich bin, suchte ich nach dem Kobold, der telepathisch oder sonstwie mein literarisches Erinnerungsvermögen blockiert hatte, und wurde fündig: Robert Walser! Der hatte den Spitteler nicht gemocht, und Spitteler seinerseits hatte sich über einen Roman von Walser abfällig geäußert. Wie der langjährige Insasse der Heilanstalt Herisau im Jahr 1945 über den damals noch viel berühmteren Landsmann urteilte, ist in Carl Seeligs *Wanderungen mit Robert Walser* festgehalten:

»Mir kommt er immer mehr wie ein Irrenarzt vor, der als kleiner Herrgott über den Narren thronte. So sieht er auch aus, der Spitteler. Es hat dies etwas Imponierendes, aber auch etwas Kränkendes. So ganz ohne Arroganz und Hochmut rutscht man nicht in eine solche Stellung hinein ... Übrigens denke ich nie an Spitteler, wenn ich an einen Dichter denke. Unter den Schweizern fallen mir fast immer Keller mit seinem *Grünen Heinrich* und Meyer mit seinem *Jürg Jenatsch* ein.«

Dieses mir wohlbekannte, mich sowohl belustigende als auch beunruhigende Urteil mag mich unbewußt-suggestiv daran gehindert haben, die Abwesenheit Spittelers im ›Conrady‹ rechtzeitig zu bemerken. Zur Beurteilung des Urteils sei bloß gesagt, daß Spitteler und Walser eben zwei sehr ungleiche eidgenössische Genies waren und daß die gegenseitige Abneigung begreiflich ist: Spitteler Sohn eines Regierungsstatthalters und mit einer vermöglichen Frau verheiratet – Walser Sohn eines erfolglosen Kaufmanns, Junggeselle und lebenslang mehr oder weniger ein ›armer Teufel‹; Spitteler nach Jahren des Ringens dauerhaft berühmt (Nobelpreis 1919) – Walser zu Lebzeiten ohne nachhaltigen Erfolg, schließlich, als Dichter verstummt, Dauerpatient in Herisau; Spitteler ein Dichter von mythenschaffendem Phantasiereichtum, zugleich aber betont intellektuell und als Sprachkünstler ein feilender Selbstkritiker – Walser ein dichterisches Naturphänomen, Meister in scheinbarer Sprachverwilderung. Beide waren im besten Sinn freie Geister, begabt mit Blick für die leidvolle Weltbeschaffenheit. Doch während Spitteler, immerhin mitleidend, »über den Narren thronte«, spielte Walser selber den Narren, und zwar einen möglichst liebenswürdigen, nur ab und zu ein wenig boshaften.

Hätte sich Spitteler über Walsers Médisance arg geärgert? In einem Brief an den Literaturhistoriker Harry Maync hat er Verständnis für eigene ungezwungene und fragwürdige Äußerungen zu wecken gesucht und damit implizite wohl auch Walser entschuldigt:
»Was ich so im Freundeskreis drauflos poltere, ist nicht so blutig und sachlich ernst zu nehmen. Ich halte es nämlich so: wenn ich schreibe (ich meine öffentlich schreibe), dann wäge ich peinlich gewissenhaft meine Worte, der Verantwortlichkeit bewußt, dann bin ich auch sanft (verhältnismäßig) und, wie ich hoffe, gerecht. Dagegen das mündliche Wort betrachte ich bloß als eine sanitärische Expectoration wie Lachen, Husten, gut für die Leber und die übrigen Organe, voraussetzend, daß man mir die Worte nicht auf die Waagschale lege, kurz, es ist die Stimmungsmusik, ohne Anspruch auf Verstandesurteil.« (Freilich muß der Verstand, wie bei Spitteler und Walser, groß genug sein, um nie dem puren Unverstand das Feld zu überlassen.)

Bleibt die Frage, warum Spitteler im ›Conrady‹ fehlt. Sicher hat da nicht die Verfemung nachgewirkt, die er sich im wilhelminischen Deutschland mit der neutralitätspolitischen Rede *Unser Schweizer Standpunkt* vom Dezember 1914 zuzog. Von Deutschtümelei ist im Vorwort des Herausgebers nicht das Geringste zu merken, im Gegenteil, er kritisiert sie scharf. Meint er vielleicht, Spittelers Lyrik sei neben seinen Epen und Prosawerken unbeträchtlich? Er kann sie kaum für unbeträchtlicher halten als die Robert Walsers, von dem er drei Gedichte aufgenommen hat, oder die Hermann Hesses, des zweiten nobelpreisgekrönten Schweizer Dichters, von dem deren sechs Platz gefunden haben. Hoffen wir denn, das Buch erlebe eine um Spitteler vermehrte Neuausgabe. Robert Walser würde sich darüber freuen, rühmte er sich doch in dem Prosastück *Lektüre*, daß er »mit dem Mut Kameradschaft schloß, mich vor anderer Schriftsteller Vortrefflichkeiten nicht zu scheuen ... «.

Badener Tagblatt, 4.9.1993

Verrat an Voltaire

Auf dem obersten Brett des schönen Bücherschrankes aus Nußbaumholz, der die Wohnung meiner Großmutter zierte, standen neben den kleinformatigen Bänden eines alten deutschen Shakespeare die nicht viel größeren des *Dictionnaire philosophique* von Voltaire. Kaum hatte ich mir bei Hans Siegrist an der Bezirksschule Baden das elementare Französisch angeeignet, machte ich mich an diesen Voltaire heran. Nicht nur der fremden Sprache wegen und weil ich zu ungeduldig war, um bei jedem unbekannten Wort im Langenscheidt nachzuschlagen, blieb vieles unverstanden. Dennoch gewann ich aus dem Werk, dessen Themenkreis weit über den fachphilosophischen hinausgeht, mancherlei Kenntnisse und Anregungen und fühlte mich vom Geist des großen Aufklärers kräftig angeweht.

Mit dem hochgespannten Interesse für Philosophie kontrastierte die Interesselosigkeit für die Frage, wer die Voltaire-Bände einst angeschafft hatte: ob mein Großvater Mächler, ein der Kirche entfremdeter Katholik, oder der zweite Mann meiner Großmutter oder deren Bruder. Alle drei Männer waren gestorben, bevor ich zur Welt kam. Die Großmutter selber war mehr pädagogisch als philosophisch interessiert: In den Adventstagen des Jahres 1924 fragte sie Herrn Siegrist, der an der Zürcherstraße wohnte wie sie, ob das von mir gewünschte Buch, ich weiß nicht mehr ob von

Spinoza oder Kant oder Hegel, für einen knapp Fünfzehnjährigen das Richtige sei. Groll gegen den sonst verehrten Lehrer wandelte mich an, als mir das großmütterliche Christkind auf seine Empfehlung hin bloß die mich damals kalt lassenden *Ansichten der Natur* von Alexander von Humboldt bescherte.

Die Jahre vergingen, die Großmutter starb. Ich stand im vierten Lebensjahrzehnt und war ungeachtet der frühen Begegnung mit Voltaire ein verhältnismäßig gläubiger Christ, aber wie so viele andere dieser Gattung gegen mammonistische Versuchungen nicht gefeit. So kam der Tag, da ich den *Dictionnaire philosophique* und andere geerbte Geistesschätze aus dem schönen Bücherschrank an einen Zürcher Antiquar verschacherte.

Wieder vergingen die Jahre, ich lernte Bibel und Kirchengeschichte besser kennen und infolgedessen die Vorkämpfer der Aufklärung höher schätzen. Lebhaftere Reue über jenen Schacher als über eine Art von Verrat an dem Fürsten der Aufklärung empfand ich aber erst, als mir der Winkler-Dünndruckband seiner ausgewählten kritischen und satirischen Schriften in die Hände kam. Ungefähr ein halbes Jahrhundert nach der Schulbubenbekanntschaft mit dem *Dictionnaire philosophique* las ich die in dem Auswahlband enthaltenen Artikel aus ihm und fand in ihnen, wenn der Ausdruck gestattet ist, goldene Pfefferkörner der Kritik, wie sie in der neueren Aufklärungsliteratur nicht häufig – am meisten noch bei Karlheinz Deschner – vorkommen.

Lindernd auf das Verrätergefühl wirkte dann der Blick auf einen Schuldgenossen, der kein Geringerer als Robert Walser war. Der vorletzte Band seines Gesamtwerks enthält die sogenannten *Felix*-Szenen, eine Folge von Gesprächen und Selbstgesprächen autobiographischen Charakters, die

Jochen Greven aus mikroskopisch beschriebenen Nachlaßblättern entziffert hat. Eine dieser Szenen zeigt Felix – den angehenden Jüngling Robert Walser – auf dem Estrich des Elternhauses, »im Selbstgespräch mit einer Gesamtausgabe von Voltaire«. »... Sieh, ich habe kein Taschengeld«, klagt er, »möchte so gern welches haben, und du liegst da so vereinsamt herum, so vernachlässigt, so ganz und gar ungebraucht ... Ich bin überzeugt, daß du lesenswert bist, aber ich bin noch überzeugter davon, daß es mir wünschenswert erscheint, dich in die Untergasse zum Antiquar zu tragen, um dich zu veräußern. Ich bitte dich herzlich, mir die Kulturlosigkeit, deren ich mich hier schuldig mache, zu verzeihen ... «

Nachdem er noch bedacht hat, daß Vater und Mutter ihn zu dieser Stunde kaum ertappen werden, packt er den kompletten Voltaire zusammen und geht. Von einer späteren Reaktion der Eltern auf den eigenmächtigen Handel erfahren wir nichts. Vater Adolf Walser, der Buchbindermeister, dürfte sich aus Voltaire nicht viel gemacht haben. Möglicherweise stammten die Bände aus dem Nachlaß des freidenkerischen Zeitungsmannes und Expfarrers Johann Ulrich Walser, des Großvaters des Dichters.

Bei näherem Vergleich zwischen den beiden Untaten spricht zu meinen Gunsten, daß ich die meinige unter einwandfreien Rechtsumständen beging. Zu Walsers Gunsten: er veräußerte zwar eine Gesamtausgabe von Voltaire (ich bloß den *Dictionnaire philosophique*), aber nicht auch noch einen Shakespeare, Goethe, Schiller usw. Ferner: er war im Zeitpunkt der Untat erst ein Halbwüchsiger, hatte kein Taschengeld und befleißigte sich dem Opfer gegenüber einer monologischen Höflichkeit, wie ich mich keiner entsprechenden rühmen kann. Im Rückblick durfte er sich außerdem sagen, daß er als künftiger Dichter keinen Grund hatte, sich einem so vorwiegend kritischen Geist wie Voltaire besonders verpflichtet zu fühlen.

Soweit bei ihm überhaupt von Untat zu reden ist, hat er sie wundervoll gesühnt: teilweise mit dem Prosastück *Eine Erzählung von Voltaire*, worin eine Episode aus dessen *Jeannot et Colin* abgewandelt wird, hauptsächlich aber durch seine Voltaire-Nachfolge als Moralist. Man darf vermuten, daß er von Voltaire beeinflußt war, als er in dem Roman *Geschwister Tanner* schrieb: »Zuletzt ist tiefer menschlicher Anstand unsere Religion geworden.« Von Voltaire, der seine welt- und menschenfreundliche Anstandsmoral bei dem Chinesen Konfutse vorgebildet gefunden hatte, war er vielleicht auch zu dem idealisierten China-Bild des Prosastücks *Träumen* angeregt worden.

»Wenn es irgendwo gute Menschen gibt«, lesen wir da, »so leben sie in China, das eine Art Reich der Mitte ist. Dort ist niemand so töricht, sich für besser zu halten wie seinen Mitmenschen. Ich denke mir die Chinesen als ebenso höflich wie glücklich, und als ebenso freundlich wie dienstfertig. Bescheidenheit ist dort die Krone jedes Empfindens. Alle haben das Wohl aller im Auge.«

Fast noch mehr als mit Konfutse, dessen Pietät gegenüber Staat und Familie nicht unbedingt seine Sache war, hatte Robert Walser mit Laotse gemein. Das von diesem fernöstlichen Mystiker gelehrte »tiefe Einswerden« ist namentlich in Walsers Naturschilderungen zu spüren.

Weder ein eigentliches Voltaire-Studium noch eine nähere Beschäftigung mit chinesischer Weisheit läßt sich in Walsers Leben nachweisen. Aber sicher wäre Voltaire großmütig genug, ihm die Verschacherung seiner sämtlichen Werke schon bloß um des Prosastücks *Träumen* willen zu verzeihen.

Und was habe ich als Sühneleistung für *meinen* Verrat an Voltaire anzubieten? Mögen Leserin und Leser geneigt sein, vorliegende Beichte samt Huldigung an Konfutse, Laotse, Voltaire und Robert Walser dafür anzusehen.

Badener Tagblatt, 18.12.1976

Die Kleinheit Robert Walsers aus der Sicht Hermann Burgers
Zu einem Aphorismus im »Tractatus logico-suizidalis«

Unter den 1046 Aphorismen – sogenannten Totologismen oder Mortologismen oder Suizidalismen – von Hermann Burgers *Tractatus logico-suizidalis* (S. Fischer Verlag, Frankfurt am Main 1988) findet sich als Nummer 115 der folgende:
»Robert Walser hat sich ein Leben lang so sehr ›vernütiget‹, wie der Mundartausdruck für Vernichtung lautet, daß er am Schluß zu klein war, sich auch zu vernichten.«

Dem Faktischen dieses Satzes würde Robert Walser ruhig zustimmen. In seinem Prosastück *Reisebericht* heißt es: »Wir alle sollten uns sagen, daß wir klein bleiben, daß von Werden und Wachsen, von tatsächlich gut und groß werden bei den meisten keine Rede ist, auch bei mir nicht.«

Faktisch sagt Burger also nur, was Walser selber von sich sagt. Weil aber der *Tractatus* aufgrund der Annahme »totaler Vorherrschaft des Todes über das Leben« eine einzige Gutheißung des Selbstmords ist, liegt in dem angeführten Aphorismus die Abwertung eines Kleinseins, das ihn verhindert. Auch das nähme Walser vermutlich gelassen hin und würde bloß mildernde Umstände geltend machen. Er würde etwa auf seine dichterischen Bemühungen um Heinrich von Kleist hinweisen, der unter Burgers vorbildlichen Selbstmördern zuoberst rangiert. Vom Ende Kleists schweigen allerdings die ihm gewidmeten Prosastücke. Der Selbstmord war für Walser ein existentiell wichtiges Thema, doch hat er es immer diskret behandelt. Lesen wir in der ersten Fassung der Skizze *Aus meiner Jugend*, es habe ihn oft gelüstet, sich zu vernichten, so verlautet in der zweiten nichts mehr von Todessehnsucht; offenbar schämte er sich des pathetischen Einschlags derartiger Geständnisse.

Zum wirklichen Selbstmordkandidaten wurde er in seinen Berner Jahren, im fünften Lebensjahrzehnt, als er zeitweilig unter Erfolglosigkeit und Vereinsamung litt. »Damals«, erzählte er später seinem Freund Carl Seelig, »habe ich ein paar stümperhafte Versuche unternommen, mir das Leben zu nehmen. Ich konnte aber nicht einmal eine rechte Schlinge machen.« Aus den insgesamt siebenundzwanzig Jahren, die er dann in den Heilanstalten Waldau und Herisau verbrachte, ist kein einziger Selbstmordversuch bekannt. In Herisau scheint er sich eines ziemlich ausgeglichenen Gemütszustandes erfreut zu haben und konnte sich auf Wanderungen mit Seelig recht genußfroh geben.

Zu klein, sich zu vernichten? Doch nicht die Kleinheit hat Walser daran gehindert, sondern die Unmöglichkeit, sich wie Burger zum »Prinzip Nihil«, zur Vorherrschaft des Todes, zu fundamentalem Unglauben zu bekennen. Sein ebenso undogmatisches wie lebensfreundliches ›Credo‹ lautete: »Woran glaube ich? Ich weiß es nicht, ich weiß nur, daß mir viel fehlt, wenn ich nicht gläubig bin.« *(Der Proletarier)* Dank solcher Gläubigkeit ging er seinen schwierigen Weg bis ins hohe Alter und beendete ihn ohne tragischen Schlußeffekt – er, der in einer schwarzen Stunde geschrieben hatte: »Niemandem wünschte ich, er wäre ich. Nur ich bin imstande, mich zu ertragen.« *(In dem Reisekorb oder Wäschekorb)* Vom Schlag getroffen, starb er am Weihnachtstag 1956 während eines Spaziergangs im Schnee. Ein halbes Jahrhundert vorher hatte er in dem Roman *Geschwister Tanner* einen jungen Dichter ebenfalls im Schnee sterben lassen – eine gleichsam hellseherische Vorwegnahme des eigenen Todes. Vielleicht wäre ihm Burger besser gerecht geworden, wenn er ihn etwa als Parasuizidanten, als visionär begabten Überselbstmörder eingestuft hätte.

Wie immer Robert Walsers Kleinheit zu beurteilen ist, Burger selber muß sich deshalb, weil er zu leben fortfährt, nicht klein fühlen. Gehört es doch zu den Kernsätzen seiner Lehre, daß aus einem philosophischen Apologeten des Selbstmords, einem Suizidalisten, niemals ein Selbstmörder wird. (Dabei vergißt er anscheinend den von ihm öfter zitierten Suizidalisten und Suizidanten Jean Améry, vergißt auch konträr lautende eigene Äußerungen.)

Persönlich hat Hermann Burger die These von der Selbstmordunfähigkeit des Suizidalisten dadurch gestützt, daß er bereits einen eigenen fiktiven (das heißt erdichteten, nicht etwa vorgetäuschten) Selbstmord überlebt hat: den in seiner Erzählung *Der Schuß auf die Kanzel* (Ammann Verlag, Zürich 1988) geschilderten. Zwar trägt deren Held, der sich mittels Zyankali umbringt, den Decknamen Peter Stirner, wird aber als Verfasser des vieldiskutierten Romans *Schilten*, eines Hauptwerks von Burger, vorgestellt, also eindeutig als dessen Doppelgänger kenntlich gemacht. Das fast gleichzeitig mit dem *Tractatus* erschienene Buch ist bei allem Unrecht der satirischen Übertreibung ein kirchenkritischer Volltreffer, nach seinem Kerngehalt eine vernichtende Charakteristik des verbürgerlichten Christentums. Überlebt hat freilich nicht nur der Verfasser, überleben wird auch die Kirche. Sie überlebt dergleichen, wie sie schon gegenüber Kierkegaard und andern bewiesen hat, einfach durch Ignorieren, durch Totschweigen.

Nochmals zurück zum Titelthema. Robert Walser hatte einen hochentwickelten Sinn für das ›Wunderbare‹ der Welt und des Lebens. Den hat Hermann Burger als Dichter auch, aber als Denker verleugnet er ihn merkwürdigerweise und beharrt auf dem »Prinzip Nihil«. Seine Todesphilosophie, von ihm »Totologie« genannt (unter sprachspielerischer Verschmelzung von deutsch »tot« und lateinisch »totus« in der ersten Worthälfte), ist theoretisch nicht zu widerlegen. Anderseits ist die von Walser ebenso liebevoll wie ironisch, ebenso wehmütig wie übermütig bedichtete Lebensbejahung praktisch nicht auszurotten. Fragen wir nun, ob die beiden tiefgehend verschiedenen Schriftsteller nicht doch etwas Gemeinsames haben, so finden wir, daß jeder, um einen Ausdruck Burgers zu gebrauchen, »ein Mann aus Wörtern« ist. Und just in dieser Eigenschaft sind sie beide auch das, was nach Burger die »unheilbar Gesunden« sind: »Vital-Exhibitionisten« – nur eben in der Höhenregion ihrer Sprachkunst. Als Sprachgewaltige nähren und steigern sowohl der Suizidalist Burger wie der Parasuizidant Walser den Lebenswillen der armen, geistig überfütterten und dabei so verdauungsschwachen Menschheit. Als ein totologisches Plus dürfte Burger gern anerkennen, daß Walser in den Herisauer Anstaltsjahren nichts mehr für den Druck geschrieben hat. Den »Mann aus Wörtern« in sich zu töten und um mehr als zwanzig Jahre zu überleben, war der Dichter des *Jakob von Gunten* nicht zu klein.

Badener Tagblatt, 2.7.1988

Normalstil und Individualstil

Sprachgestalt entsteht aus der Spannung zwischen den Polen des Normalstils und des Individualstils. Wer einen Sachverhalt oder einen Gedankengang möglichst richtig und verständlich mitteilen will, erstrebt den Normalstil. Wer vor allem sich selber als einmalige Persönlichkeit mitzuteilen hat, entwickelt einen mehr oder weniger deutlichen Individualstil.

Das Spracherzeugnis, das den Forderungen des Normalstils ganz entspräche, könnte auch vom begabtesten Schriftsteller nicht ohne Schaden für die sachliche Richtigkeit verändert, jedenfalls nicht inhaltlich verbessert werden. Kein unnützes oder unstimmiges, durch ein anderes mit Vorteil zu ersetzendes Wort wäre darin zu finden, aber auch nichts, was bloß als Ausdruck der Individualität Bedeutung hätte. Der Normalstil vermittelt Kenntnis und Wissen und ist demgemäß von thematisch unbeschränkter Brauchbarkeit. Er ist die Sprache der zweckmäßig abgefaßten amtlichen Mitteilung des Nachrichtenwesens, der Sach- und Tatbestandsbeschreibung und sämtlicher Wissenschaften. Er kann so gut wie zu Sachbeschreibungen zur Deutung des Persönlichsten dienen, wenn sie eine zuverlässig sachliche sein soll.

Definiert man, wie Josef Nadler tut, den Stil als Ausdruck des Persönlichen, so erscheint der Normalstil als Gegenteil allen Stils, als Sprache ohne persönliche Prägung. Indessen hat ›Stil‹ auch die Bedeutung einer kollektiv entwickelten oder zu kollektivem Gebrauch gelangten Sprachgestalt. Als eine von deren Möglichkeiten hat der Normalstil das nämliche Anrecht auf die Bezeichnung Stil wie etwa der Kanzleistil oder der Rednerstil oder der Stil der Barockdichtung. Seine Schönheit ähnelt der Schönheit des technisch Zweckmäßigen, und er ist wirklich das Ergebnis der auf das Zweckmäßige gerichteten Sprachbemühung.

Zu genau und ordentlich formulierter Mitteilung und Belehrung, mindestens im Bereich der eigenen beruflichen und sonstigen speziellen Kenntnisse, sind heute sehr viele befähigt. Presse, Rundfunk und Fernsehen leiten zu einem verstandesmäßig nivellierten Denken und Reden auf allen Lebensgebieten an. Wissenschaftliche Arbeiten, die beachtet werden wollen, müssen in einer sachdienlich genormten, schnörkelfreien Sprache abgefaßt sein. Kaum einer von tausend Gelehrten wagt aus der Reihe zu tanzen und mit einer ›persönlichen Note‹ zu schreiben.

Nur bei schöngeistigen Themen ist ein freieres, aber auch nicht freiwüchsig persönliches Sprachgebaren üblich. Sogar in der Belletristik haben die Grundsätze der zweckmäßigsten Mitteilung, der allgemeingültigen Sprachform, Anhänger gewonnen, die sich neben vorwiegend irrationalen ›großen Persönlichkeiten‹ zu behaupten wissen. So scheint sich der Menschengeist in der Richtung zunehmender Verstandesklarheit, teilweise auch zunehmender Vernünftigung und eines entsprechenden Ausdrucksvermögens zu bewegen.

Leider sind viele eines spezialistischen oder gemeinverständlich mitteilenden Normalstils mächtig, ohne zu grundsätzlich vernünftigem Normaldenken fähig zu sein. Klar und phrasenlos, in einer durchaus zweckmäßigen Sprache, sind ohne Zweifel die Anweisungen für die Herstellung von

Atomwaffen abgefaßt, und doch widerstreitet so etwas aller sittlichen Vernunft.

Einer ähnlichen formalen Verständigkeit begegnet man merkwürdigerweise in einem großen Teil des religiösen Schrifttums, von den Traktaten der Zeugen Jehovas bis zu den Dogmatiken der christlichen Hauptkirchen. Auch die Okkultisten verstehen es, sich durch eine luzid anmutende Sprache Kredit zu verschaffen. So findet man etwa bei dem Theosophen Leadbeater Vampire und Werwölfe im Stil eines wissenschaftlich vertrauenswürdigen Naturkundebuches beschrieben. Denkerisch Ungeschulte werden durch das verständig und nüchtern anmutende Sprachgebaren über den Mangel an fundamentaler geistiger Redlichkeit und Selbstkritik hinweggetäuscht.

Der vollwertige Normalstil wird allerdings um so schwieriger, je weiter die Aufgabenstellung über bloße Ding- und Tatsachenbeschreibung und schulmäßige oder volkstümliche Belehrung hinausgeht. Das Bemühen, in der Erörterung von Geistesproblemen die volle Richtigkeit und Stimmigkeit des Ausdrucks zu verlangen, birgt einerseits die Gefahr der Pedanterie, der stereotypen Wendungen, der mathematisierenden Einförmigkeit in sich. Mit der nötigen Kraft betrieben, führt es anderseits auf neuartige Gedanken, die sich nicht leicht in der landläufig als normal geltenden Sprache darbieten lassen.

Der an inhaltlich neuen Aufgaben sich bildende Normalstil entfernt sich für die Masse der Leser vom Landläufigen, verliert die unmittelbare Wärmestrahlung vertrauter Lebendigkeit. Dagegen ist die Sprache der begabten Viel- und Schnellschreiber Ausdruck ihrer weltkundigen Beweglichkeit und mutet den Durchschnittsleser lebendig und belebend an. Der Geist muß sich die dialektische Wahrheit gefallen lassen, daß er nur dann überzeugt, wenn scheinbar oder tatsächlich er es ist, der das Leben schafft. Bei der Sorge um das eigentlich Wahre und beim Verzicht auf das scheinlebendige Unwahre oder Halbwahre müssen wir die Hoffnung festhalten, daß sich das Richtige schließlich als das wahrhaft Lebendige erweise oder wenigstens als das notwendige Regulativ des Lebendigen.

Wenn aber Gott, wie Friedrich Schlegel sagte, ein Abyssus von Individualität ist, so ist diese das ursprünglich Lebendige, und zwar auch im Menschen, dem Ebenbild Gottes. Das Individuelle eines Menschen, das, wodurch seine Lebensäußerung unverwechselbar die seinige ist, läßt sich in keine Typenkunde oder soziologische Funktionenlehre einreihen. Der Aufgabe, zu erkennen, bleiben wir auch ihm gegenüber verpflichtet. Doch gibt es an ihm nichts Allgemeingesetzliches und ohne Liebe nichts Wesentliches zu erkennen.

Was die großen Schriftwerke der Vergangenheit auf uns gebracht hat, ist vornehmlich die Liebe je zu dem Einmaligen, das sich sprachkünstlerisch in ihnen darstellt. Die Dialoge Platons sind uns nicht allein wegen ihres Nutzens für die Schulung des Denkvermögens überliefert worden, sondern auch und vielleicht hauptsächlich wegen des Wertes seiner einmaligen Persönlichkeit. Diese ist für die Nachwelt sein Individualstil, eine Sprache, die zwar den Möglichkeiten seiner Zeit und seines Volkes verhaftet, in dieser Beschränkung aber auf ausgezeichnete Art die seinige ist. Der Pessimismus Schopenhauers, die Machtverherrlichung Nietzsches, wie schrecklich und widerwärtig sind diese Ideen als solche! Gleichwohl verehren und lieben wir Schopenhauer und Nietzsche, denn sie offenbaren uns, jeder durch die Eigenart seiner Sprache, etwas vom göttlichen Abyssus der Individualität.

Dabei wollen wir nicht vergessen, daß der Stil so wenig von der Denkweise getrennt werden kann wie die Gebärde vom Körper. Einen Schopenhauer-Stil ohne Schopenhauers Pessimismus, einen Nietzsche-Stil ohne Nietzsches Übermenschenmoral gibt es nicht. Die Paradoxie, daß Pessimismus und Übermenschenmoral häßlich, Schopenhauer-Stil und Nietzsche-Stil aber schön sind, ist anscheinend unauflöslich.

Der Begriff des Genies deckt sich großenteils mit dem der ausdrucksmächtigen Individualität. Diese aber befindet sich stets in der Gefahr, mit ihrer Eigensprache unzuträgliche Autorität zu begründen. Wohl ist das Verhalten des Genies, wie Schopenhauer sagt, ein vornehmlich erkennendes, sein Erkennen aber ein hochgradig individuell bedingtes, dessen Ausdruck mehr den Erkennenden als die wirkliche Welt kennzeichnet.

Viele Schriftsteller, die als Stilkünstler ersten Ranges gelten, etwa Lessing, Schopenhauer, Nietzsche, Kraus, empfehlen sich weniger durch gewissenhaft abwägende Sachlichkeit als durch die Kunst, das Individuelle in die Form einer bestechenden Argumentation zu fassen, vielmehr: die Fähigkeit des besonderen, kunstvollen, aber oft auch künstlichen, überspitzten Argumentierens *ist* ihr Individuelles. Hinter den Irrtümern der originellen, ›eigensinnigen‹ Geister liegt freilich die Wahrheit ihrer Originalität, ihres eigenen Sinnes. Vermutlich werden sich einst manche ihrer Irrtümer als Selbstmißverständnisse oder bedingte Teilwahrheiten auslegen lassen.

Man könnte, an extreme Möglichkeiten denkend, den Normalstil die Sprache der Wahrheit, den Individualstil die Sprache der Lüge nennen. Doch auch die umgekehrte Behauptung hätte einiges für sich. Der Normalstil hat die normale Verständigung zum Zweck, was doch wohl Verständigung über das Wahre und Richtige, über die tatsächliche Beschaffenheit der Welt bedeutet. Dagegen ziehen die Meister des Individualstils den Leser in den Bann ihrer Eigenwelt, die mit der gemeinen Wirklichkeit oft wenig zusammenstimmt. Selbsteigener Ausdruck bedeutet geistige Neuschöpfung der Welt, und solche hat als Selbstoffenbarung wiederum stärkeren, unmittelbar ansprechenden Wahrheitscharakter als eine unpersönlich die objektive Welt spiegelnde Geistigkeit.

Da die Individualität ihre Sonderwahrheit am besten in Werken der Phantasie darstellen kann, so entfaltet sich der Individualstil vor allem in der Dichtung, während der kritisch durchgebildete Normalstil vorzugsweise die Sprache des Denkers ist. Der vollkommene Dichter schriebe den vollkommenen Individualstil, der vollkommene Denker den vollkommenen Normalstil. Indessen zeigt sich die Größe der großen Denker doch auch im persönlichen Sprachgepräge, die der großen Dichter auch im allgemeingültigen oder wenigstens sinnbildlich annehmbaren Gehalt und in den zugeordneten Sprachmerkmalen. Kant, der Sachwalter der Vernunft, schreibt recht eigenwillige Sätze, Hermann Hesse, der Lobredner des ›Eigensinns‹, pflegt den übersichtlich ausgewogenen, dem Normalstil nahen Satzbau.

Der Dichter erhebt, offen oder heimlich, den Anspruch, die ideale, gute Welt darzustellen oder mit der Darstellung der schlechten wirklichen die Sehnsucht nach der guten zu wecken. Er kann damit nur so weit Erfolg haben, wie er den Wert und die Gültigkeit seiner Individualität, des Quellgrundes seiner Weltidee, glaubhaft zu machen vermag. Je weiter er sich von der gemeinen Wirklichkeit entfernt, desto mehr ist er darauf angewiesen, durch die Kraft seines Individualstils quasi ein Analogon zum Schöpfertum Gottes zu produzieren – oder umgekehrt: je größer die Kraft seiner Individualität, desto mächtiger sein Drang, die gemeine Wirklichkeit hinter sich zu lassen und an göttlichem Schöpfertum sinnbildlich teilzuhaben. Er ist – unter Annahme des Gottesglaubens – zugleich der Repräsentant und der Konkurrent des Schöpfertums Gottes. Als Repräsentant leistet er einen Beitrag zum Gottesbeweis: je mehr eine Dichtungswelt als neue, vorher nicht gewesene anmutet, desto mehr sind wir geneigt, an einen persönlichen Schöpfer aller Dinge zu glauben.

Aber da sich die reale Schöpfung dem Durchschnittsmenschen in der Form des ›wirklichen Lebens‹ darbietet, so kommt der Dichter als Rivale des Schöpfers in den Geruch eines lügenhaften Schwärmers. Er ist es tatsächlich, insofern er eine andere Welt mittels seines Individualstils nur vortäuscht und nicht zur Norm, nicht zur verbindlichen Wirklichkeit machen kann.

Hinwieder ist keine Sprachschöpfung überhaupt nichts als Scheinwelt und ästhetisches Genußgut. Keine noch so selbstherrliche Individualität steht außerhalb der Welt, keine vermag daher etwas wahrzunehmen und zu erfinden, was in der Weltbeschaffenheit ganz und gar keinen Grund hätte. Zu einer völligen Verleugnung des Normalstils ist auch der originellste Denker, auch der phantasievollste Dichter nicht imstande.

So dunkelsinnig viele moderne Lyriker dichten: wenigstens Spuren einer verständlich zusammenhängenden Vorstellungsfolge müssen auch sie dem Leser bieten, wenn sie nicht mit dem Entsetzen des reinen Chaos Scherz treiben wollen, womit sie übrigens den wahren Ausdruck der in sich geordneten Individualität preisgäben. Das Chaotische droht denen, die den Individualstil mit unzulänglichem Wahrheitssinn erstreben, also nicht beachten, daß auch das Individuelle richtig gesagt sein will und insofern dem Gesetz des Normalstils gehorchen muß. Auch dem selbsteigensten Menschen fällt die eigene Sprache nicht mühelos zu. Eine Individualität kann ja auch das Merkmal sprachlicher Minderbegabung haben und muß sich jedenfalls, wenn sie zum sprachlichen Ausdruck drängt, gegen die Umgangssprache und wesensfremde Stilmuster erst selbständig machen.

Ist das Streben nach dem Normalstil eine waagerecht wirkende, auf die vollkommene Sprachgemeinschaft abzielende Kraft, so erscheint die Ausrichtung auf den Individualstil als die Senkrechte dazu, eine Kraft, die das Sprachwerk über die Ebene des Vergleichbaren emporhebt. Für den Ruhm des Individualstils sorgt jene Wertungsweise, die nicht den rationalen Nutzen, sondern die Seltenheit eines Dinges in Betracht zieht und im Persönlichen die nicht zu überbietende Seltenheit, die Einmaligkeit schlechthin, erkennt. Man hat dabei in Kauf zu nehmen, daß jedes Persönliche eine eigene neue Norm setzt und im Wettbewerb mit allen andern persönlichen Eigenwelten möglichst zur Geltung bringt.

Dank dem vorherrschenden Gesellschaftsgeist begünstigen die Lehrer des guten Stils meistens den Normalstil. Doch haben extravagante Eigenwillige wie Jean Paul, Rudolf Borchardt und Robert Walser, die von den Lehrern der Norm zuweilen getadelt werden, bei Kennergruppen mit Recht ein unzerstörbares Ansehen. Die bisher zu bemerkende größere Wirkungsmacht des Individualstils zeigt sich etwa, wenn wir den Ruhm Nietzsches als Kritiker des Christentums mit dem Eduard von Hartmanns vergleichen. Obwohl Hartmann besonnener und gründlicher Kritik übt als Nietzsche, hat dessen leidenschaftliches, mit hochpersönlicher Sprachkunst vorgetragenes Antichristentum weitaus stärker gewirkt. Durch ein überlegenes sprachliches Faszinosum hat wohl auch Sigmund Freud gegenüber C. G. Jung, Karl Barth gegenüber Emil Brunner einen gewissen Vorrang gewonnen.

Gustave Flaubert könnte man als einen Schriftsteller nennen, bei dem die Ausrichtung auf den treffsicheren Normalstil deutlich vorherrscht. Jean Paul dagegen als einen, der die Sprache der persönlichen Eigenart habe ins Kraut schießen lassen. Es wäre aber auch wieder zu sagen, das Ringen Flauberts um den unpersönlich ›richtigen‹ Stil sei die auszeichnende Eigentümlichkeit dieses Schriftstellers, erhebe seine Sprache wider Willen zum Individualstil, und Jean Paul drücke mit den Wucherungen seiner Sprache nicht nur etwas Selbsteigenes aus, sondern entspreche, besonders mit seiner üppigen Metaphorik, einem Grundzug menschlichen Welterlebens, der auch in einem vollkommenen Normalstil bemerkbar sein müßte. Der vollkommene Normalstil erschiene inmitten einer minder vollkommenen Literatur als hervorstechender Individualstil. Umgekehrt hätte ein vollkommener Individualstil die Kraft, vielen als Muster des Normalstils zu gelten.

Es wäre nicht zu befürchten, daß eine allgemeine primäre Erziehung zum Normalstil die individuellen Ausdruckskräfte lähmen oder gar die Individualitäten selber auslöschen würde. Eine solche Erziehung, deren eigentlicher Zweck die Vernünftigung der ganzen Menschenwelt wäre, hätte eher eine Verfeinerung der individuellen Eigenheiten und ihres Ausdrucks zur Folge, denn sie würden als Teilansichten des Grundes aller Norm, des Weltgrundes, wahrgenommen und zu Ehren gezogen.

Wer das Individuelle so auffaßt, kann anderseits darüber beruhigt sein, daß ausgeprägter Individualstil keinesfalls gänzliche Unverbundenheit mit anderen Geistern bedeutet. Man wird zwar in einer Erzählung von Gotthelf nicht viele Sätze finden, die auch in Hölderlins *Hyperion* stehen könnten. Bei genauer Betrachtung wäre aber vermutlich nachzuweisen, daß ihre Sprache von dem in beiden wirksamen, wenn auch verschieden gerichteten Prophetischen her etwas Gemeinsames hat.

Der originelle Schriftsteller ist um so mehr der Gefangene seines Stils, je echter dieser ist. Man müßte an der Echtheit Jean Pauls zweifeln, wenn er jemals ein Buch in der eleganten Sprache Wielands geschrieben hätte, an der Echtheit Rilkes, wenn es von ihm Verse im Ton Wilhelm Buschs gäbe.

Der große Schriftsteller und Dichter ist mit seinem Individualstil zunächst allein und muß ihn als einmaligen im Wettbewerb der Geister zur Geltung bringen. Aus Wettbewerbsgründen, wegen der grundsätzlichen Wertschätzung des Originellen im öffentlichen Kulturleben, neigt er oft zur Übertreibung des Stils, zur Manier. Die erlangte Geltung wird dann die Mitteilbarkeit, den allgemeinmenschlichen, gesellschaftlichen Wert seiner Individualität beweisen.

In der Spannung zwischen Normalstil und Individualstil bekundet sich der wesentliche Inhalt der Geistesgeschichte, das Zusammenwirken und die Auseinandersetzung von Sachdenken und Personglauben. Solche, die sich vorzugsweise für eine Sache oder Idee erwärmen und einsetzen, haben den Blick auf die Welt, auf das Allgemeine, Gegenständliche, Gesetzliche gerichtet. Ihre Sprache tendiert zum Normalstil.

Folgerichtiges Denken aus dieser Haltung müßte sie zu Materialisten und Nihilisten machen, denn der ursprüngliche Vorrang des Objektiven in der Welt würde die ewige Ohnmacht des Subjekts bedeuten, das heißt die Ungöttlichkeit des Weltgrundes. Jene dagegen, die zum Ursprung des Lebens Du sagen müssen, weil sie sonst an der Wesenhaftigkeit ihres Ichs und am Wert aller seiner ›Sachen‹ verzweifeln müßten, glauben an die Urmacht des Subjekts, an die ursprüngliche Wirklichkeit der Individualität, an das Erstgeburtsrecht des Individualstils.

Der Normalstil entspricht dem Weltdenken, der Individualstil der Gottesahnung. Wenn man Cusanus und seinem Zusammenfall der Gegensätze in Gott trauen darf, so wird man ahnen dürfen, der vollkommene Normalstil falle mit dem Individualstil Gottes zusammen und enthalte gleichsam die Keimzellen aller menschlichen Individualstile.

Doch lassen wir die Spekulation. – Für die Kulturmenschheit wird es immer schwieriger, jedem der sich unaufhörlich vermehrenden Individualstile gerecht zu werden und alle geistig zu verarbeiten. Zur Aufgabe der allgemeinen Vernünftigung gehört es, das Interesse für die Werke des Individualstils nicht beliebig wuchern zu lassen, sondern so zu lenken, daß sich die Originalgenies bewogen fühlen, mehr als bisher der Vernünftigung zu dienen, teils durch Vernünftiger-, teils durch Wenigerschreiben.

Neue Zürcher Zeitung, 3.2.1970

Bibliographie der Schriften Robert Mächlers zu Robert Walser

Die für den vorliegenden Band ausgewählten Texte sind kursiv angegeben. Sämtliche Beiträge Robert Mächlers zu Robert Walser befinden sich im Zürcher Robert Walser-Archiv. Die Bibliographie beruht auf einem Verzeichnis von Catherine Aeschbacher, der ich an dieser Stelle herzlich danken möchte. W. M.

Bücher

Das Leben Robert Walsers. Eine dokumentarische Biographie. Verlag Helmut Kossodo, Genf/Hamburg 1966.
dasselbe, vom Verfasser neu durchgesehene und ergänzte Ausgabe. Suhrkamp Verlag, Frankfurt am Main 1992.
Robert Walser: Gedichte und Dramolette, herausgegeben von Robert Mächler. – In: Das Gesamtwerk (herausgegeben von Jochen Greven), Band IX. Verlag Helmut Kossodo, Genf/Hamburg 1971.
Robert Walser: Briefe, herausgegeben von Jörg Schäfer unter Mitarbeit von Robert Mächler (Anmerkungen und Verzeichnis der Briefempfänger). – In: Das Gesamtwerk (herausgegeben von Jochen Greven), Band XII/2. Verlag Helmut Kossodo, Genf/Hamburg 1975.
Robert Walsers Religion. – In: Robert Walser zum Gedenken, herausgegeben von Elio Fröhlich und Robert Mächler. Suhrkamp Verlag, Zürich/Frankfurt 1976.
Robert Walser. – In: Große Schweizer und Schweizerinnen. Erbe als Auftrag. Hundert Porträts, herausgegeben von Erwin Jaeckle und Eduard Stäuble. Th. Gut & Co. Verlag, Stäfa 1991.

Beiträge in Zeitungen und Zeitschriften

»Reich bin ich durch ich weiß nicht was«. (Rez. zu: »Unbekannte Gedichte«). – In: Badener Tagblatt, 29.8.1959.
(rm.): Ein Beitrag zur Deutung Robert Walsers. Vortragsabend der Gesellschaft der Biedermeier. – In: Badener Tagblatt, 10.6.1964.
Robert Walser. Beginn einer Gesamtausgabe. – In: Domino. Schweizer Bücherzeitung (Zürich), Nr. 69, Sept. 1966, S. 1.
Robert Walser und Carl Seelig. – In: Aargauer Blätter, Beilage zum Badener Tagblatt, Nr. 60, Sept. 1966, S. 6–7.
Unbekannte Prosa von Robert Walser. – In: Evolution (Hamburg), 9. Jg., 1966, Nr. 107, S. 726.
Robert Walser und das Christentum. Zum 10. Todestag des Dichters. – In: Neue Zürcher Zeitung (Literatur und Kunst), 25.12.1966.
»Festzug«. Ein neuer Band von Robert Walsers Gesamtwerk. – In: Domino. Schweizer Bücherzeitung (Zürich), Nr. 72, Feb./März 1967, S. 2.
(M., R.): »Wenn er hunderttausend Leser hätte ...«. – In: Unbekannte Zeitung oder Zeitschrift, eventuell Domino. Schweizer Bücherzeitung (Zürich), 1967.
Von der Robert Walser-Gesamtausgabe. (Rez. zu: Gesamtwerk IV, VIII). – In: Domino. Schweizer Bücherzeitung (Zürich), Nr. 77, Dez. 1967, S. 1.
Carl Seelig, der Freund. – In: Express/L'Espresso Settimanale (= Beilage zu den Schaffhauser Tageszeitungen), 3.5.1968.
Zu einem schwachen Gedicht Robert Walsers. »Ritterromantik«. – In: Neue Zürcher Zeitung (Literatur und Kunst), 9.6.1966.
Normalstil und Individualstil. – In: Neue Zürcher Zeitung, 3.2.1970.
Gedenkblatt für Carl Seelig. – In: Neue Zürcher Zeitung, 15.2.1972.
Unbekannte Briefe Robert Walsers an seine Schwestern. Mitgeteilt (und mit einer Vorbemerkung) von Robert Mächler. – Neue Zürcher Zeitung (Literatur und Kunst), 4.3.1973.
Drei politische Briefe Robert Walsers. – In: Badener Tagblatt, 7.4.1973.
Aphorismen über Charles Tschopp. – In: Badener Tagblatt, 1.6.1974.
(ro.): Ob uns die kulturelle Überproduktion zersplittert? Her-

bert (!) Mächler und seine Vernünftigkeitslehre. – In: Der Zürcher Oberländer (Wetzikon), 5.7.1975.
(-ch-): Die Romane Robert Walsers. – In: Schweizer Montashefte (Zürich), 55. Jg., H. 5, Aug. 1975, S. 415.
Ein Antipode C. F. Meyers. – In: Badener Tagblatt, 13.9.1975.
Robert Walser, »der gröbste Berner, den's je gab«. – In: Bernerspiegel (Langnau i. E.), 15.4.1976.
Für und wider die Anrufung Gottes. – In: Badener Tagblatt, 22.5.1976.
Ein paar Vorschläge für Dissertationen. – In: Badener Tagblatt, 9.10.1976.
Verrat an Voltaire. – In: Badener Tagblatt, 18.12.1976.
Das gute Beispiel Robert Walsers. – In: Badener Tagblatt, 19.3.1977.
Unseld, Suhrkamp und die Dichter. – In: Basler Zeitung, 4.3.1978.
Robert Walser für die Katz? – In: Basler Zeitung, 14.4.1978, S. 45.
Ist alles faul? Zum hundertsten Geburtstag Robert Walsers am 15.4.1978. – In: Badener Tagblatt, 15.4.1978 (dasselbe in: »die waage«, Bd. 17, H. 3, Zeitschrift der Grünenthal GmbH, Stolberg 1978).
»Und bewirke nichts«. – In: Badener Tagblatt, 27.10.1979.
Der Weltruhm des Erfolglosen. Zum 3. Band »Über Robert Walser«. – In: Badener Tagblatt, 22.12.1979.
»Glückhaftes Ende der Welt«. – In: Badener Tagblatt, 14.2.1981.
Sie haben es nicht leicht. – In: Badener Tagblatt, 6.6.1981.
Dichterprophet des eigenen Todes. Zum 25. Todestag Robert Walsers am 25.12.1981. – In: Badener Tagblatt, 24.12.1981 (dasselbe in: Appenzeller Zeitung, Herisau, 28.12.1981).
Die Lebenslänglichen und die Ausbrecher. – In: Badener Tagblatt, 5.3.1983.
Widerspruch gegen Kurt Martis »Widerspruch ... «. – In: Freidenker (Rüeti), Juni 1983.
Wie immer. Das Samstags-Gedicht, ausgewählt von Robert Mächler. – In: Badener Tagblatt, 27.8.1983.
Ein Glas Bier. Das Samstags-Gedicht, ausgewählt von Robert Mächler. – In: Badener Tagblatt, 23.3.1985.
Etwas über Robert Walser. – In: Schweizer Monatshefte (Zürich), Nr. 4, April 1985, S. 331–338.
Die versiegende Kunstgläubigkeit: Beispiel für ein Ende der Berufskultur: Mutmaßungen über Robert Walsers Verstummen. – In: Basler Zeitung, 27.11.1985, S. 47.

Robert Walsers Lieblosigkeit?: Zu einem Gedicht aus den Mikrogrammen. – In: Neue Zürcher Zeitung, 21./22.6.1986, S. 69.
Ein Friedensfreund: Robert Walser als braver Soldat. – In: Neue Zürcher Zeitung, 3.8.1987, S. 19.
Die Kleinheit Robert Walsers aus der Sicht Hermann Burgers. Zu einem Aphorismus im »Tractatus logico-suizidalis«. – In: Badener Tagblatt, 2.7.1988.
»Das Leben ist ein Speisesaal, worin ich allein tafle, schmause«. Der Ich-Denker und der Ich-Dichter – Egoismus, Selbstgenuß und Weltgenuß bei Max Stirner und Robert Walser. – In: Der Landbote (Winterthur), 3.12.1988.
Harmonie. Das Samstags-Gedicht, ausgewählt von Robert Mächler. – In: Badener Tagblatt, 1.4.1989.
Zwei ungleiche Friedensfreunde. Unpolitisches zur Armeefrage (mit einer »Unchristlichen Nachschrift«). – In: Badener Tagblatt, 9.9.1989.
»Und war es nicht gut so?« Zur Neuausgabe von Carl Seeligs »Wanderungen mit Robert Walser«. – In: Badener Tagblatt, 30.6.1990.
»Zwei gleiche, ungleiche Brüder«. Zu einem Buch von und über Karl und Robert Walser. – In: Badener Tagblatt, 1.12.1990.
Robert Walser, der Unenträtselte. Zum vierten Band seiner »Mikrogramme«. – In: Badener Tagblatt, 20.7.1991 (dasselbe in: Bremgarter Tagblatt; Limmattaler Tagblatt; beide 20.7.1991).
Zwei ungleiche Brüder im Geiste. Henri-Frédéric Amiel und Robert Walser. – In: Neue Zürcher Zeitung, 31.8./1.9.1991.
Die Schweiz. Das Samstags-Gedicht, ausgewählt von Robert Mächler. – In: Badener Tagblatt, 28.9.1991.
Robert Walser zwischen Jesus und Nietzsche. – In: Schweizer Monatshefte (Zürich), April 1992.
»In dem Reisekorb oder Wäschekorb«. Das Samstags-Gedicht, ausgewählt von Robert Mächler. – In: Badener Tagblatt, 9.1.1993.
»Ist die Welt nun besser?« Zu Jochen Grevens Essays über Robert Walser. – In: Schweizer Monatshefte (Zürich), März 1993.
Auch Carl Spitteler fehlt. Nachträgliches zu einer Buchbesprechung. – In: Badener Tagblatt, 4.9.1993.
Bern mit Robert-Walser-Färbung. Zu einer Publikation Werner Morlangs. – In: Badener Tagblatt, 17.6.1995.
»Ach, laß doch das« – Robert Walser am Scheideweg. Außerdem:

Allerhand Walseriana: Lebensbilder, Wanderungen, wissenschaftliche Exkurse. – In: Der Landbote (Winterthur), 23.12.1995.

Ungedruckte Typoskripte

Robert Walsers Narzißmus. Eine Erläuterung. (1975). 3 Seiten.
Über das Leben Robert Walsers. Einleitungsreferat am »Kritikergespräch« vom 14.4.1978 in der Universität Zürich. 4 Seiten.
Das Leben Robert Walsers. Vortrag zum Robert Walser-Abend vom 18. Mai in Herisau. 7 Seiten.
Das Leben Robert Walsers. Vortrag zum 87. Schweizerischen Lehrerbildungskurs des Schweizerischen Vereins für Knabenhandarbeit und Schulreform in Herisau. Robert Walser-Gedenkfeier vom 11.7.1978. 7 Seiten.
Persönliches und Überpersönliches zu meiner Befassung mit Robert Walser. (1978). 6 Seiten.

Der Herausgeber und der Verlag danken der Robert Mächler-Stiftung, Zürich, dem Kuratorium für die Förderung des kulturellen Lebens, Aarau, und der PRO HELVETIA, Schweizer Kulturstiftung, für die Unterstützung dieses Buches.

Copyright © Pendo Verlag
Zürich 1999
Gesetzt aus der Sabon
Satz: Uwe Steffen, München
Druck und Bindung: Pustet, Regensburg
Printed in Germany
ISBN 3-85842-344-0

FRITZ J. RADDATZ
Taubenherz und Geierschnabel
Heinrich Heine. Eine Biographie
392 Seiten. DM/sFr 19,90

Er war ein zärtlich Hassender, ein liebender Neider, ein eindrucksvoller Ränkeschmied, ein Lügner von Geblüt – er war ein Dichter: Heinrich Heine. Für seine Poesie – die bedeutendste nach Goethe, nie mehr erreicht danach in deutscher Sprache – filterte er die Welt weg. Die Welt war der Feind – Feind dem ein Leben lang geschmähten Juden, Feind dem Künstler, dessen geradezu bestürzende Modernität darin besteht, daß er sich alleiniger Maßstab war: verantwortlich keiner Ideologie, keinem Glauben, keiner Bindung – allein der Kunst. Selbst sein Liebesleid war Kunstmethode.

»Man sollte den neuen Raddatz lesen. Unter allen in diesem Jahr erschienenen Heine-Büchern ist es das mit Abstand beste.«
(Südwestfunk, »Buchzeit«)

»Keine einzige Seite des Buches ist langweilig.«
(Walter Hinck, Frankfurter Allgemeine Zeitung)

WILLIAM SHAKESPEARE
Sämtliche Sonette
englisch/deutsch
Aus dem Englischen von
Simone Katrin Paul
320 Seiten. Leinen. Fadenheftung
DM/sFr 48,–

Shakespeares Sonette, 1609 zum ersten Mal gedruckt, sind bis heute eine nicht versiegende Quelle der Inspiration. Sie sind von Leidenschaft erfüllt, geheimnisvoll, dunkel und klar zugleich. Generationen von Übersetzern waren von ihnen fasziniert, Dorothea Tieck, Gottlob Regis, Stefan George, Paul Celan, Hanno Helbling und viele andere. Auch die junge Lyrikerin Simone Katrin Paul ist dem unwiderstehlichen Zauber dieser Sonette erlegen und hat eine kongeniale Nachdichtung geschaffen, die sich zugleich ganz der klassischen Form verpflichtet weiß.

»*Leidenschaftlich, dunkel und klar zugleich … eine neue, kongeniale Nachdichtung.*«
(*Neues Deutschland*)